ENCARNACIONES DE LO AUTÓCTONO

ENCARNACIONES DE LO AUTÓCTONO

Prácticas y políticas culturales en torno a la indianidad en Bolivia a comienzos del siglo XX

Cecilia Wahren

Wahren, Cecilia
 Encarnaciones de lo autóctono: prácticas y políticas culturales en torno a la indianidad en Bolivia a comienzos del siglo XX / Cecilia Wahren. – 1a ed . – Ciudad Autónoma de Buenos Aires: Teseo, 2016.
 190 p.; 20 x 13 cm.
 ISBN 978-987-723-109-0
 1. Bolivia. 2. Historia. 3. Narrativa Folklórica. I. Título.
 CDD 306

Imagen de tapa: Arthur Posnansky (1912), *Guía General Ilustrada para la investigación de los Monumentos prehistóricos de Tihuanacu e Islas del Sol y La Luna*, La Paz, Imprenta y Litografía Boliviana-Hugo Heitmann.

© Universidad de San Andrés, 2016
© Editorial Teseo, 2016

Buenos Aires, Argentina

Editorial Teseo

Hecho el depósito que previene la ley 11.723

Para sugerencias o comentarios acerca del contenido de esta obra, escríbanos a: **info@editorialteseo.com**

www.editorialteseo.com

ISBN: 9789877231090

Compaginado desde TeseoPress (www.teseopress.com)

*A mis abuelas,
Marcela Agnoli y Wanda Szapiro*

Índice

Agradecimientos 11
Introducción 13
1. Actualizando el pasado, arcaizando el presente. Reconfiguraciones de la indianidad en la patrimonialización de las ruinas de Tiwanaku 41
2. Composición, clasificación y estilización. Hacia la invención de la música folklórica boliviana 79
3. La fiesta en la conformación de identidades sociales. La Semana Indianista de 1931 113
4. La folklorización disputada. El proyecto de nación de Eduardo Nina Quispe 137
Conclusiones 167
Fuentes 173
Bibliografía 175

Agradecimientos

Del largo camino que fue la realización de este libro que comenzó como tesis de maestría de la Universidad de San Andrés formaron parte muchas personas e instituciones sin las cuales no hubiera sido posible y a quienes les estoy profundamente agradecida.

En primer lugar, y especialmente, a mi director de tesis, Sergio Serulnikov, le agradezco las charlas que me brindaron siempre nuevos modos de ver y pensar, y sobre todo su generosidad y el compromiso con el que guió este trabajo.

A Morita Carrasco, por transmitirme confianza en mis intuiciones cuando apenas comenzaba a esbozarse el proyecto y por su cuidadosa lectura y dedicación.

La investigación no hubiera sido posible sin el apoyo del Consejo Nacional de Investigaciones Científicas y Técnicas (CONICET) y de la Universidad de San Andrés (UdeSA). En particular, quiero agradecer a quienes fueron mis profesores en los talleres de tesis de la Maestría en Investigación Histórica, Lila Caimari, Roy Hora y Eduardo Zimmermann, que iluminaron distintas etapas de este proceso. Al Comité Académico del Posgrado en Historia por haber seleccionado la tesis para ser publicada, y a mis colegas del Departamento de Humanidades, con quienes comparto y de quienes aprendo la tarea de enseñar.

Mi especial agradecimiento a quienes tanto me han ayudado durante mis estancias de investigación en Bolivia: el personal del Archivo Nacional de Bolivia, del Archivo de La Paz y del Archivo Histórico de la Asamblea Legislativa Plurinacional de Bolivia, especialmente a Luis Oporto y Carla Nina por su dedicación y generosidad. A la Asociación Amigos de la Ciudad por la amabilidad con que me abrió sus puertas y me permitió trabajar allí. A Eugenia Bridikhina, Ana María Lema y Beatriz Rossells, por escuchar mis inquietudes y brindarme sus valiosos comentarios y orientación en la búsqueda de documentos. A Enrique Gorena, João Mario Monje Filho, Gonzalo Díaz, Manuel Estrada y César Brie, por hacer de mis estancias en Bolivia un lugar de familiaridad.

Agradezco también a la Biblioteca Nacional, que en Buenos Aires dio cobijo al proceso de escritura, y al equipo de trabajo de la Biblioteca Max von Buch (UdeSA), siempre dispuesto a ayudarme en la búsqueda de libros localizados en bibliotecas lejanas.

Quiero expresar mi gratitud a quienes formaron el jurado de mi tesis, Florencia Garramuño, Laura Gotkowitz y Pablo Ortemberg, por sus valiosos comentarios y sugerencias para mejorar y proseguir la investigación.

A mis compañeros del Grupo de Estudios sobre Colonialidad (UBA). Los años de trabajo compartidos, las discusiones y el compromiso puesto en los proyectos emprendidos contribuyeron enormemente a dar sentido a esta investigación.

A mis compañeros y amigos de la maestría: María Eugenia Alemano, Cecilia Allemandi, Pedro Berardi, Juan Buonuome, Fernando Danza, Gabo Ferro, Mariela Leo, Josefina Liendo, Malena Nigro, Nahuel Ojeda, Mariano Petrecca, Juan Manuel Romero y Nicolás Sillitti, por haber compartido el crecimiento de nuestros trabajos, haciendo de este proceso por momentos solitario también una creación colectiva.

De distintas maneras amigas y colegas fueron cruciales para la realización de este libro con sus miradas, lecturas y consejos. María Altamirano, Luciana Anapios, Julia Costilla, Dolores Estruch, Alejandra Lindman, Bárbara Maier, Ilana Martínez, Eugenia Mattei, Gabriela Nacht y Laura Sánchez: a todas ellas, muchas gracias.

Mi más profundo agradecimiento es para mis padres, Inés y Cale, y mis hermanos, Verónica y Pablo, por acompañar y apoyar siempre mis proyectos y por su inmenso cariño.

Introducción

La idea de que la indianidad constituye un elemento autóctono, arcaico, una persistencia que, de forma inmutable, ha sobrevivido al paso del tiempo, emerge continuamente en diversos contextos de América Latina. Publicidades turísticas que invitan a visitar Guatemala como un lugar donde el pasado se hace presente a través de sus monumentos prehispánicos y sus comunidades indígenas; danzas exhibidas en el Cusco como si se hubiesen reproducido idénticamente a lo largo de los siglos; visitas a comunidades de la selva ecuatoriana que se promocionan como viajes en el tiempo a un mundo aislado de la modernidad urbana, prístino, por qué no, salvaje, recrean esas nociones. Nociones que aparentan pasar por alto la historicidad de los pueblos indígenas y, en particular, la dominación colonial que la atravesó. Y sin embargo, son una límpida expresión de esta. De los múltiples rostros que ella puede mostrar, de las muchas ambivalencias que sus prácticas y discursos pueden adquirir.

En Bolivia, estas nociones sobre lo indígena comenzaron a circular a comienzos del siglo XX, durante los años de gobierno de la elite liberal paceña que se abren luego de la rebelión indígena liderada por Zárate Willka. Este acontecimiento marcó una ruptura en el modo de concebir a la indianidad y su rol dentro de la nación. El espectro de la rebelión más importante de la etapa republicana se conjugó con la decepción de las elites ante la imposibilidad de concretar el deseo decimonónico de blanqueamiento de la nación y el reconocimiento de que no bastaba con la elaboración de diseños nacionalistas, sino que era tiempo de corporeizar la nacionalidad incorporando a la población indígena antes excluida. En este contexto, los criterios de inclusión y exclusión desarrollados bajo el positivismo decimonónico que, apoyados en una noción de raza biologicista, presagiaban la extinción del indio comenzaron a ser cuestionados dando lugar a representaciones alternativas que buscaron integrarlo a la nación, pero sin dejar de reproducir las jerarquías preexistentes. Como argumentaremos, los sentidos sobre lo indígena que se forjaron durante los primeros años del siglo XX habilitaron este doble movimiento a través de representaciones folklorizadas que permitieron integrar simbólicamente al indio en la comunidad nacional, a la vez que encubrir la estructuración colonial de poder sobre la que esta se erigía.

Nuestra investigación se centra en el estudio de este período con el objetivo no sólo de realizar una genealogía de las nociones de indianidad y nación en Bolivia, sino más bien de desentrañar las ambivalencias de los discursos y las prácticas representacionales desplegados en torno a ellas, cuya efectividad radicó en contener en sí mismos dispositivos integradores y segregadores. En este sentido, este libro habla de las "violencias encubiertas" (Albó y Barrios, 1993), de la dominación maquillada de valoraciones exotizantes, de la integración subordinada. Habla también de sus límites, de las capacidades de los subalternos de desafiar las estrategias de dominación, circunscripción y reificación. De la posibilidad de crear nuevos horizontes de significado.

Lo hace analizando diversas prácticas y políticas culturales tales como los procesos de patrimonialización de las ruinas arqueológicas, la música, la danza y las ceremonias públicas. El objetivo central del libro es estudiar las nociones de indianidad y nación que estas prácticas contribuyeron a delinear a comienzos del siglo XX. Analiza también el rol que jugó la idea de raza en la estructuración de estas identidades. Finalmente, un último objetivo es visibilizar la recepción y las resemantizaciones que las nociones forjadas por las elites sufrieron al ser enmarcadas en el proyecto de nación de una vertiente del movimiento indígena para observar las tensiones condensadas en este proceso.

La investigación se inscribe en los debates desarrollados por una vasta bibliografía proveniente de la historia, la antropología y la crítica literaria. Particularmente las reconfiguraciones que sufren las nociones de indianidad y bolivianidad durante las primeras décadas del siglo XX han sido analizadas en profundidad por trabajos que estudiaron las nuevas connotaciones que adquirieron dichas categorías abordando el estudio de la producción ensayística y literaria de los intelectuales. Es posible identificar distintas vertientes que abonaron esta idea. En primer lugar, desde la crítica literaria investigadores recientes, cuestionando la visión objetiva que los primeros estudiosos sobre la ensayística de comienzos de siglo XX le habían adjudicado a la literatura indigenista, visibilizaron las ambigüedades que presenta su discurso. Para estos autores el indigenismo no es una descripción informativa de las comunidades sino el modo como el blanco ha visto e imaginado al indígena, por lo que la literatura indigenista es considerada un reflejo de las concepciones de la elite más que de la población indígena (Rocha, 2002; Rodríguez y Monasterios, 2002; Salmón, 1997). En segundo lugar, una corriente historiográfica con un enfoque eminentemente político trató esta problemática en el marco del estudio de la construcción y definición de la ciudadanía en los siglos XIX y XX, visibilizando la brecha existente entre igualdad jurídica y desigualdad social como principio estructurante de la sociedad boliviana, así como las estrategias de los sectores subalternos para quebrar dicho orden (Barragán, 2005 y 2006; Demélas, 2003; Irurozqui, 2000). Por último, el antecedente más directo lo constituye una vertiente de estudios centrado en el plano simbólico que ha abordado el problema de la representación del indio dentro de la nación, sin ignorar que esta interactúa con formas materiales de poder y desigualdad (Larson, 2002, 2007 y 2008; Qayum, 2002; Sanjinés, 2005). Tales trabajos arrojan luz sobre el rol fundamental que la idea de raza juega en la construcción de la nación boliviana, prestando atención a las continuidades que el Estado republicano exhibe respecto de las estructuras de dominación colonial.

Este trabajo parte de las preguntas realizadas por esta corriente historiográfica acerca de la representación del indio y la naturaleza que adquiere la identidad nacional durante estos años, pero la intersecta con los estudios que han comenzado a focalizar en las prácticas y políticas culturales. En esta corriente confluyen autores que desde el abordaje de distintos ámbitos artísticos incorporan el análisis de las materializaciones del discurso indigenista no como mero reflejo de aquel, sino como performativas en sí mismas. De este modo, abren un campo en el cual ancla esta investigación al estudiar diversos tipos de prácticas y políticas culturales tales como el teatro (Soruco, 2001; Kuenzli, 2013), la música (Bigenho, 2002; Rossells, 1996), las fiestas (Bridikhina, 2009; Cajías, 2007; Gotkowitz, 2000; Romero, 2004) y el arte pictórico (Sanjinés, 2005; Qayum, 2002; Rossells, 2004) que, con sus ambigüedades y tensiones, constituyeron al indigenismo boliviano. Repensar aquellas preguntas generales desde estos ángulos que focalizan en la dimensión material de las representaciones permite ver la especificidad que cada uno de los lenguajes y ámbitos que contribuyeron a delinear las nuevas nociones de indio y nación imprimió a la problemática indígena, pero también las tendencias hegemónicas que los enmarcan y a las cuales constituyen. Asimismo, partiendo de la premisa de que las políticas culturales se conforman como terrenos de disputa, abordar el estudio de las representaciones desde estas manifestaciones, en su relativa autonomía respecto de las formaciones discursivas, posibilita observar la influencia que tienen los distintos actores sociales en el conflictivo proceso de reconfiguración de las representaciones de indio, raza y nación en la Bolivia de principios de siglo XX.

El abordaje de las prácticas concretas permite ver cómo se articularon nociones que en el nivel discursivo se presentan como antagónicas y rever el rol del indigenismo en las políticas culturales emprendidas por el Estado liberal a comienzos del siglo XX. El antagonismo planteado entre las visiones de la indianidad sostenidas por el discurso oligárquico liberal segregador y un incipiente indigenismo ha conducido a cierto consenso acerca de la indefinición de la identidad nacional boliviana de comienzos de siglo XX. En este sentido, Sanjinés (2005) analiza el discurso del mestizaje elaborado por una contraelite que, en oposición al enfoque predominantemente positivista, desarrolla una representación de la nación basada en la construcción de un "mestizaje ideal". Establece que la tensión entre la oligarquía liberal gobernante y el reformismo mestizo planteó la dificultad de que el sector en el poder lograse constituirse como una auténtica clase hegemónica. Así como la elite no logró establecer una dominación clara y contundente sobre la totalidad social, su discurso fue igualmente ambiguo, hecho que definió la construcción de la nación desde el siglo XIX. Por su parte, Qayum (2002) plantea que existe una contradicción entre el nacionalismo liberal y las estructuras profundas del colonialismo interno que imposibilita a la elite llevar a cabo sus propósitos de gobierno. De este modo, pone de manifiesto una brecha insalvable entre las metas y las prácticas del liberalismo que impide que esta ideología se vuelva hegemónica. De ello se desprende una identidad nacional no consumada, ya que la elite no llegó, durante el primer siglo de vida republicano, a un acuerdo acerca del carácter que esta debía tener. Por último, Irurozqui (1994 y 2000) estudia cómo la representación de un indio necesitado de tutela adoptada por el régimen liberal se inscribía en los proyectos modernizadores de la elite que no buscaban una incorporación del indio a la nación en tanto ciudadano sino como trabajador dócil sin participación política. El principal temor de la elite respecto de la población indígena, entonces, no era una "guerra de razas", idea que constituía un mito descalificador de las demandas indígenas, sino la conversión del indio en cholo, es decir, el indígena alfabetizado que podía alcanzar el derecho de ciudadanía.

En este sentido, la autora señala que la contradicción entre el cholo y el mestizo, surgida de este discurso, condujo a una identidad nacional indefinida en la cual la construcción de una nación blanca fue tornándose un ideal cada vez más difícil de realizar, siendo también inviable la solución mestiza porque esto implicaba una homogeneización cultural que incorporaba al cholo (Irurozqui, 2000: 112-118).

Esta investigación plantea que la integración del indio dentro de la comunidad nacional se realiza a través de la conformación de una noción de "indio autóctono" que folkloriza a la población indígena como parte de una estrategia de apropiación que hacia el interior de la nación busca neutralizar su agencia política, y hacia la comunidad internacional presentar la singularidad boliviana. Esta representación, que se materializa en una variedad de rituales públicos, expresiones artísticas y políticas de patrimonialización de elementos culturales indígenas, se desarrolla no en oposición al discurso oligárquico liberal sino refuncionalizando la noción decimonónica de "indio salvaje" a su interior. A pesar de no estar exenta de tensiones, provenientes tanto de diferencias al interior de las elites como del contradiscurso elaborado por parte de distintas vertientes del movimiento indígena, dicha representación habilita pensar que el indigenismo comenzó a ser parte no sólo de los sentidos hegemónicos que circularon acerca de lo indígena sino de algunas políticas de Estado ya durante los años de predominio liberal.

El estudio de las prácticas y políticas culturales requiere el abordaje de un conjunto heterogéneo de fuentes. Esta investigación se basa en publicaciones periódicas, expedientes de la Prefectura del Departamento de La Paz, debates parlamentarios, folletos, imágenes fotográficas, partituras, correspondencia, ensayos, leyes y decretos. A diferencia de los enfoques propios de la historia intelectual o la historia de la ideas centrados en la búsqueda de sentidos presentes en las obras de los intelectuales del período a partir de su coherencia interna, la dispersión de la documentación aquí utilizada permite ver sentidos que circulan, que presentan heterogeneidades y que, si habilitan reconstruir un sentido hegemónico, su coherencia aparece desentrañando las tensiones presentes en el conjunto. Los distintos fondos documentales fueron extraídos de diversos archivos: Archivo de La Paz, Biblioteca y Archivo Histórico de la Asamblea Legislativa Plurinacional, Archivo y Biblioteca Nacionales de Bolivia, Archivo Amigos de la Ciudad de La Paz, Centro de Documentación en Artes y Literaturas Latinoamericanas, Casa de la Cultura y Biblioteca del Conservatorio Plurinacional de Música.

Bolivia a comienzos del siglo XX

El siglo XX boliviano se abre con un acontecimiento que sin duda marcó una impronta en las tres décadas subsiguientes sobre las que se extiende esta investigación: la rebelión indígena de 1899 librada al interior de la Guerra Federal. La Guerra Federal se inició como una disputa intraelite en la que la elite liberal paceña, en alianza con las comunidades aymaras, logró vencer a su contraparte chuquisaqueña alineada con el Partido Conservador. Sin embargo, a lo largo de la contienda la alianza entre liberales y aymaras comenzó a mostrar sus fisuras cuando la acción de los indígenas manifestó objetivos autónomos que desembocarían en un levantamiento regional al mando de Pablo Zárate Willka.

Tanto la disputa intraelite como el rol jugado por las comunidades aymaras del altiplano se desprenden de los profundos cambios económico-sociales que se produjeron durante las dos últimas décadas del siglo XIX. A partir de 1880, el desarrollo del sector exportador tuvo efectos considerables en la estructura social y económica del país. El crecimiento de las minas de Oruro y Potosí originó nuevas demandas de alimentos y mano de obra, incidiendo en el nuevo dinamismo experimentado por la agricultura comercial. Por otra parte, el establecimiento de nuevas conexiones ferroviarias facilitó la apertura de mercados para áreas hasta entonces marginales. Con el cambio de siglo se transformaron las relaciones de poder entre las elites al caer el precio internacional de la plata y subir el del estaño. La mudanza fue tan repentina y el capital invertido en el nuevo sector de una magnitud tal, que los mineros tradicionales de la plata tuvieron dificultad en pasarse al estaño. De este modo, una nueva constelación de compañías extranjeras y empresarios paceños empezó a acrecentar su influencia en detrimento de aquellos, reconfigurando el escenario político nacional. La Paz, convertida en el nuevo centro de servicios clave de la nueva industria minera del estaño, experimentó un enorme crecimiento y los liberales asentados allí comenzaron a adquirir cada vez más popularidad frente a la antigua elite arraigada en Potosí y Sucre (Klein, 2002: 176).

Por otra parte, el crecimiento de la economía de exportación permitió a las elites independizarse de los ingresos provenientes del tributo indígena y, de este modo, de las políticas proteccionistas de la propiedad comunaria que, aunque con oscilaciones, habían mantenido (Klein, 2002: 166). En efecto, durante las primeras décadas de la República las relaciones entre Estado y ayllus habían estado regidas por lo que Platt llamó un "pacto de reciprocidad", que consistía en el reconocimiento por parte del Estado de los derechos colectivos de los ayllus a sus tierras, mientras se les exigía como contraparte los servicios tradicionales y la tasa, antiguo tributo indígena pagado por los indios (Platt, 1982: 20). Aunque los títulos de propiedad de las comunidades ya habían sufrido una primera embestida en los años sesenta bajo la presidencia de Melgarejo, la resistencia indígena había neutralizado el ataque, logrando conservar el control efectivo de sus tierras (Klein, 2002: 167). Pero entre 1874 y la Guerra Federal, los sucesivos gobiernos bolivianos hicieron un enorme esfuerzo por reformar totalmente el sistema de la propiedad rural a fin de implantar un nuevo sistema tributario y fomentar la emergencia de un mercado de tierras. Lo primero permitiría aumentar los ingresos fiscales, mientras que lo segundo se consideraba un paso imprescindible para el desarrollo de un capitalismo agrario, complemento necesario de la gran minería de exportación. El nuevo sistema de propiedad consistiría en la extensión de títulos individuales tanto a los comuneros de los ayllus como a los propietarios de las haciendas. Al querer mercantilizar las relaciones de autoridad y poder, la ley amenazaba con destruir los mecanismos que convalidaban la autoridad estatal frente a los ayllus en tanto se planteaba una transformación total del sistema impositivo vigente, es decir, el desconocimiento unilateral del "pacto de reciprocidad". Esto dio lugar al incremento de sublevaciones durante los últimos años del siglo XIX. A la vez, los liberales paceños comenzaron a capitalizar el rechazo de los comuneros frente a la política de exvinculación llevada a cabo por el gobierno conservador en función de sus pretensiones de alcanzar el liderazgo político de Bolivia (Platt, 1982: 73-100). De este modo, la confluencia de los intereses de la elite liberal paceña con el descontento de las comunidades aymaras por el proceso de desposesión de tierras habilitó la alianza entre ambos sectores. Pero si bien en un principio los indígenas actuaron bajo las órdenes del Ejército Federal, rápidamente se evidenciaron objetivos particulares que confluyeron en un levantamiento indígena autónomo. Sus reivindicaciones principales fueron "la restitución de las tierras comunales usurpadas, el desconocimiento de la autoridad de liberales y conservadores sobre las tropas indias y la constitución de un gobierno autónomo bajo la autoridad de su máximo líder", Zárate Willka (Rivera, 2003: 72).

Hacia abril de 1899 finalizó la guerra con el triunfo del Ejército Federal y el consecuente encumbramiento de la elite liberal en el poder y el traslado de la capital política de Sucre a La Paz. Pero si la guerra civil había terminado, la rebelión indígena continuaba su curso. La elite liberal paceña, entonces, emprendió una serie de políticas represivas sofocando el movimiento indígena que se había producido al interior de su propio levantamiento (Condarco, 1983). El proceso de Mohoza fue representativo en este sentido: marcó el apogeo del darwinismo social en Bolivia, en tanto implicó una "condenación histórica de la raza india". La mayoría de los debates apuntaron a probar que los indios de Mohoza pertenecían todavía al mundo del salvajismo y a extender esta conclusión al conjunto de la población indígena. A partir de entonces la masacre ya no era un episodio de la guerra civil, sino un caso de "lucha de razas" (Demélas, 1981: 52). La "pesadilla del asedio indio", heredada de la rebelión de Katari en el siglo XVIII, retomaba así su fuerza, y continuaría signando por mucho tiempo los sentimientos elementales con que el criollaje urbano moldeaba su representación de la población indígena dominada (Rivera, 2003: 77).

Bajo esta imprenta, las elites liberales encararon a comienzos del siglo XX un proyecto modernizador caracterizado por la subvención masiva del transporte, la renovación de los centros urbanos, el apoyo a la industria minera y una nueva ofensiva contra la propiedad indígena en pos de la extensión de la gran hacienda (Klein, 2002). Se dedicaron a construir un Estado central fuerte, proyectado como una fuerza de civilización y progreso. Para aumentar su capacidad represiva y promover el desarrollo económico, crearon nuevas imposiciones, como el servicio militar y la prestación vial, ambos obligatorios, así como también la educación indígena. Por otra parte, la estabilidad institucional permitió delinear un nuevo imaginario social de la nación boliviana (Bridikhina, 2009: 39). Los proyectos que comenzaron a desplegarse buscaron dar respuesta a dos desafíos heredados de la Guerra Federal: por un lado, legitimar a La Paz como nuevo centro político de la nación frente a las elites regionales, y por otro, reubicar a la población indígena dentro de ella. Como veremos, las nociones de indianidad que comenzaron a circular en el marco de estos proyectos –distanciándose de los discursos del siglo XIX hegemonizados por el darwinismo social y, por tanto, habilitando la integración de la población indígena– permitieron hacer frente a ambas cuestiones.

Los cambios producidos en las representaciones que las elites forjaron del indio tenían como contracara una rearticulación del movimiento indígena. Si bien la rebelión liderada por Zárate Willka había sido sofocada, en 1910 se inició un nuevo ciclo rebelde que se prolongaría hasta 1930. Se trató de un movimiento que combinó la práctica litigante de los caciques apoderados, levantamientos localizados en la frontera comunitaria amenazada por la expansión latifundista, y rebeliones abiertas tales como las de Pacajes en 1914, Jesús de Machaca en 1921 y Chayanta en 1927 (Rivera, 2003: 79-89). La presencia indígena se hacía patente tanto en la conflictividad rural como en las intensas migraciones a la ciudad que produjeron una "aymarización de La Paz", dando lugar a una inédita cercanía entre las elites y la población aymara (Larson, 2008).

Después de una década de gobierno liberal comenzaron a evidenciarse fracturas al interior de la elite. En 1914 se conformó el Partido Republicano encabezado por Bautista Saavedra, quien en 1920, tras un golpe de Estado, suplantó al gobierno liberal. En paralelo surgieron nuevos partidos y los primeros sindicatos. El juego político que se venía dirimiendo al interior de la elite se vio desafiado por exigencias alternativas que pusieron en discusión problemas tales como el pongueaje indio, el reconocimiento legal de los gobiernos comunitarios y los derechos obreros (Klein, 2002: 184-186). En este contexto, Saavedra demostró más apertura que sus predecesores en sus opiniones sobre el movimiento obrero. Buscó su apoyo inaugurando la primera legislación laboral y social e impulsando la sindicalización (ibíd.: 185). En lo que respecta a la cuestión indígena, a primera vista la posición de Saavedra resulta ambivalente en tanto osciló entre iniciativas reformistas y brutales actos de represión. En su intervención en el proceso Mohoza, Saavedra ya había postulado "la naturaleza 'salvaje' del aymara". Este mismo supuesto fue retomado después del levantamiento de Jesús de Machaca en 1921 para justificar la masacre que su gobierno ordenó para sofocar a los rebeldes. Sin embargo, paralelamente brindó apoyo a algunas iniciativas de los caciques apoderados, en parte para contrarrestar el poder político de sus principales rivales, los líderes del Partido Liberal. Aprobó sus solicitudes de escuelas y mantuvo frecuentes reuniones con ellos. Aun así, no respondió a la demanda fundamental de los caciques: la realización de una inspección general de los linderos de tierras (Gotkowitz, 2011: 97-99). En este sentido, "las imágenes aparentemente incongruentes tanto de protección como de terror, que despertaba su presidencia, no eran simples emparejamientos producidos al azar: definían la práctica política de Saavedra" (ibíd.: 99).

Los años 30 constituyeron un período de transición para Bolivia, influenciado tanto por el contexto internacional como por conflictos internos. El escenario económico comenzó a degradarse bajo la influencia de la Gran Depresión, a la par que el universo político se complejizaba cada vez más con la fragmentación de los partidos tradicionales y la aparición de los movimientos estudiantil y obrero como actores prominentes de la política nacional. El orden republicano oligárquico basado en la participación restringida, que habían implantado los conservadores en los años 80, ya no podía adaptarse a una configuración social tan cambiante y, tras la crisis política producida por la caída de Siles en 1930 y durante el gobierno de Salamanca, se vería finalmente desarticulado con la Guerra del Chaco desatada en 1932. La víspera de la guerra fue un período de agudización del conflicto social al cual Salamanca respondió impartiendo un gobierno autoritario. Alegando la amenaza comunista, a fines de 1931 propuso un proyecto de ley de "defensa social" que otorgaba poderes extraordinarios al presidente para enfrentar la oposición política de la izquierda y el movimiento obrero. La ley recibió una fuerte oposición y en enero de 1932 las manifestaciones obreras de los pequeños partidos izquierdistas, los estudiantes y los saavedristas lograron que el proyecto fuera retirado del Congreso. Ante su fracaso en el frente nacional, Salamanca se fue volcando en 1932 al Chaco para recuperar parte del apoyo perdido (Klein, 2002: 164-199). La conducción militar y política de la guerra resultó ser, sin embargo, una "verdadera solución por la vía del desastre". "Decenas de miles de pérdidas, entre desertores, muertos, heridos y prisioneros durante tres años de retirada casi permanente por los ardientes arenales del Chaco terminaron agotando no sólo las reservas humanas del país sino las reservas morales del Estado y de la casta que detentaba el poder" (Rivera, 2003: 93). De todos modos, aun cuando la guerra puso en evidencia las fracturas de la sociedad boliviana, al mismo tiempo tuvo un esfuerzo "nacionalizador" generado por el prolongado contacto entre combatientes indios y reclutas de origen mestizo-criollo en la obligada "democracia de las trincheras". Lo cierto es que acabó con la configuración social y política que venía desplegándose desde 1880. La derrota del Chaco operó, así, "como una suerte de ruptura violenta del muro de contención en que la oligarquía parapetaba su legitimidad y liberó un caudal de fuerzas contestatarias que socavarían el orden oligárquico por dentro y lo acorralarían por fuera" (ibíd.: 94).

Algunas precisiones conceptuales en torno a las nociones de raza, nación y folklore

A continuación, se presenta una puesta en diálogo entre autores que han centrado sus trabajos en el análisis de las categorías de nación, raza y folklore desde diferentes enfoques. Autores de los cuales se extraen algunas proposiciones, se discuten otras, o cuyas miradas se hacen confluir.

La conversión del azar en destino (o sobre la construcción de una memoria nacional)

Las reflexiones conceptuales en torno a la construcción de las naciones constituyen un área en la cual historia, memoria, olvido, percepción del tiempo y construcción de identidades se entremezclan y articulan, definiéndose mutuamente. Ya los autores clásicos sobre el nacionalismo han marcado la paradoja del carácter moderno de la nación como fenómeno de la realidad y su antigüedad subjetiva. Como plantea Anderson, si se concede generalmente que los Estados nacionales son nuevos e históricos, las naciones a las que dan una expresión política presuponen siempre un pasado inmemorial. Establecen de sí mismas genealogías que narran su continuidad con un pasado remoto de modo que se presentan como algo naturalmente dado. En este sentido, es que, para el autor, "la magia del nacionalismo es la conversión del azar en destino" (Anderson, 1983: 26).

En esta operación genealógica cumplen un rol central las lenguas vernáculas, la música y el folklore. La idea de que las *intelligentsias* burguesas estaban redescubriendo algo que siempre habían sabido en lo más hondo, habilitó el uso de las lenguas vernáculas como nacionales. Particularmente los himnos y prosas elaboradas desde este sector funcionaron como vectores de una experiencia de simultaneidad, convirtiéndose en la realización física de la comunidad imaginada (ibíd.: 204 y 270-272).

Por su parte, Hobsbawm (2002) ha remarcado la importancia de prestar atención a los procesos de "invención de la tradición" a la hora de investigar los fenómenos nacionales. La tradición inventada implica un grupo de prácticas, normalmente gobernadas por reglas aceptadas abierta o tácitamente y de naturaleza simbólica o ritual, que buscan inculcar determinados valores o normas de comportamiento por medio de su repetición. Normalmente intentan conectarse con un pasado histórico que les sea adecuado y su continuidad con este es en gran parte ficticia.

Las tradiciones inventadas aparecen en el análisis de Hobsbawm ligadas a la modernidad en tanto se hacen más frecuentes frente al contraste que se produce entre el cambio constante del mundo moderno y el intento de estructurar como invariables e inalterables algunas partes de la vida social. La "tradición" debe distinguirse claramente de la "costumbre" que predomina en las denominadas "sociedades tradicionales". Para el autor, por tanto, es necesario dilucidar las diferencias entre las prácticas tradicionales antiguas, que acompañan a la costumbre, y las inventadas.

El problema de la nación y la historia o memoria nacional nos introduce en un área más vasta. El vínculo más general entre memoria e identidad engloba la articulación establecida entre nación e invención de la tradición, y contribuye a complejizar el análisis. La indisolubilidad entre identidad y memoria planteada por Candau abre la puerta a un estudio de las operaciones que pueden realizarse en ese sentido. La memoria es concebida, aquí, como un conjunto de estrategias que labra las identidades individuales y colectivas a la vez que es modelada por ellas (Candau, 2001: 13). Las identidades no se construyen a partir de un conjunto estable y objetivamente definible de "rasgos culturales", sino que son producidas y se modifican en el marco de relaciones, reacciones e interacciones sociales de donde emergen sentimientos de pertenencia. Esta emergencia es la consecuencia de una serie de procesos dinámicos de inclusión y exclusión de los diferentes actores que elaboran estrategias de designación y de atribución de características identitarias reales o ficticias (ibíd.: 24), siempre en una relación dinámica con un otro que se constituye en el mismo momento en que lo hace la propia identidad.

La memoria, desde esta perspectiva, no se convierte en una acumulación de recuerdos sino en un proceso selectivo necesariamente compuesto de recuerdos y olvidos. El olvido funciona como una censura indispensable para alcanzar una "totalidad significante" (ibíd.: 67, 123). Permite elaborar genealogías que, como ya ha planteado Anderson, resultan más vigorosas cuanto más alejado se fija el presente respecto de sus orígenes. La referencia al origen recrea un pasado engrandecido volviéndose, muchas veces, una crítica a la sociedad de los contemporáneos. La "tradición" cumple la función no sólo de asegurar una continuidad ficticia o real entre el pasado y el presente, sino también de satisfacer una lógica identificatoria en el seno del grupo. "El acto de memoria que se manifiesta en el recurso a la tradición consiste, por lo tanto, en exhibir, inventándolo si es necesario, un pedazo de pasado tallado a la medida del presente de tal suerte que pueda ser una pieza del juego identitario" (ibíd.: 118-119).

En esta operación cumplen un rol central las conmemoraciones, a través de las cuales "el Estado busca siempre ofrecer a la comunidad nacional una imagen prestigiosa en la que se supone que todos pueden identificarse". Es una "memoria supuestamente compartida" la que es seleccionada, evocada, invocada y propuesta para la celebración en un proyecto integrador que apunta a forjar una unidad (ibíd.: 144 y 145). Siguiendo la misma línea de análisis, Corrigan y Sayer plantean que los rituales cívicos, en tanto encarnación de las representaciones, tienen un rol fundamental en la constitución y regulación de identidades sociales y en la delimitación de las fronteras de la nación. Son definidos como terrenos de lucha en los cuales se puede observar la disputa por las representaciones de la comunidad nacional y la consecuente actividad del Estado en pos de controlar y silenciar las identificaciones en términos de diferencias (Corrigan y Sayer, 1985: 83). En este sentido, el abordaje de los rituales cívicos permite acceder a las manifestaciones materiales de las producciones discursivas, así como también a otros tipos de representaciones que entran en conflicto con las representaciones emanadas desde la elite letrada.

Imaginación, memoria, olvido, tradición se vuelven así parte de un complejo analítico que permite un primer acercamiento a la problemática de la invención de la nación y las memorias o historias nacionales. Sin embargo, a la hora de aplicar dicho complejo a historias poscoloniales algunos de los supuestos presentes en los análisis abordados hasta ahora entran en tensión.

En *La nación en tiempo heterogéneo...*, Chatterjee realiza una revisión de los planteos elaborados por Anderson a la luz de los procesos de construcción de las naciones poscoloniales. Identifica una distancia entre lo que denomina "el ideal universal del nacionalismo cívico" y la experiencia propia de los sujetos. Aunque las personas puedan imaginarse a sí mismas en un tiempo homogéneo y vacío, no viven en él. El espacio-tiempo homogéneo y vacío es el tiempo utópico del capitalismo, que linealmente conecta el pasado, el presente y el futuro, y se convierte en condición de posibilidad para las imaginaciones historicistas de la identidad, la nacionalidad y el progreso. Pero el tiempo homogéneo y vacío no existe como tal en ninguna parte del mundo real. Convive con "otros tiempos" que, si bien son interpretados como remanentes del pasado de la humanidad pertenecientes al tiempo de lo pre-moderno, constituyen los nuevos productos del encuentro con la propia modernidad (Chatterjee, 2008: 62 y 63).

La crítica que Chatterjee hace a Anderson se inscribe en su cuestionamiento de los planteos universalistas de la modernidad que conllevan la aplicación de categorías europeas como universales, impidiendo la comprensión de las particularidades locales. Una visión que admite los "fragmentos" de los procesos históricos ha permitido a este enfoque historiográfico desarrollar otros aportes. Uno de ellos ha sido el de desplegar una metodología para analizar tanto los dominios correspondientes a la política de la elite como a la de los subalternos, demostrando que cada uno no solamente actúa en oposición al otro, sino que, a través de este proceso de confrontación, modela también sus formas emergentes. La tarea, desde esta perspectiva, consiste en rastrear, en sus historicidades mutuamente condicionadas, las formas específicas que surgieron, por un lado, en el espacio definido por el proyecto hegemónico de la modernidad nacionalista, y, por otro, en las innumerables resistencias fragmentadas hacia ese proyecto normalizador (ibíd.: 103 y 104).

La reflexión en cuanto a la naturaleza del tiempo introducida por Chatterjee es retomada por Rufer para analizar los procesos de construcción nacional en América Latina. Rufer establece que las nociones de tiempo que la historia (y particularmente la historia nacional) mantiene como base de sus operaciones discursivas son nociones políticas (Rufer, 2012: 12). Como la historia no piensa el tiempo sino que opera con él, la temporalidad no puede ser concebida como algo dado y se vuelve necesario estudiar los usos del tiempo y de qué manera entran particularmente en juego los usos modernos y occidentales en la construcción de las naciones. Este punto de partida permite explicar, por un lado, de la mano de Chatterjee, cómo el proceso de construcción de las naciones poscoloniales implicó la subsunción de temporalidades étnicas en el metarrelato de la nación. En este sentido, el "tiempo vacío y homogéneo" no preexiste a la construcción de las naciones, sino que fue necesario domesticar una noción de tiempo antes de poder crear la idea de un presente como agenda y como proyección política (ibíd.: 15). De hecho, el orden temporal no es vacío ni homogéneo sino histórico, un orden de creación afectado por los acontecimientos pero escudado en un punto cero de observación que se oculta y queda fuera de análisis (ibíd.: 20).

Por otra parte, el punto de vista que mantiene Rufer permite hablar de una geopolítica del tiempo. Retomando los planteos de Fabian (1983), el autor describe cómo el éxito de la modernidad no fue sólo secularizar el tiempo, sino elevar a la categoría de universal ese patrón cultural específico, hacerlo "global" y espacializarlo. Esta operación, enunciada por Fabian como la "negación de la coetaneidad", permite colocar determinadas poblaciones ubicadas en regiones específicas en el pasado de occidente (ibíd.: 17).

Desde esta perspectiva, la tradición emerge como atavismo que necesita "mostrar" lo arcaico para resaltar la modernidad. Los museos nacionales y las primeras calendas clásicas de las fiestas conmemorativas intentan crear una "noción de representación (en el sentido literal de volver a hacer presente) del pasado, y a su vez crear una distancia con ese pasado fundador pero atávico, originario pero cuya marca en el presente estaba erosionada por la fuerza del progreso, la industria, la mercancía y el desarrollo" (ibíd.: 19). Si para Chatterjee la nación oculta las discontinuidades temporales sobre las que se funda y las heterogeneidades específicas de la experiencia concreta de los sujetos, para Rufer existe, al mismo tiempo, otro tipo de ocultamiento que funciona a la inversa. La postulación de un quiebre radical de las nuevas naciones con el "pasado tradicional" es una estrategia política que oculta, mediante un orden discursivo de ruptura, la continuidad de la experiencia violenta que se reproduce en el pasaje del orden colonial al nacional. El mito de origen de la nación funda, así, una doble negación: no reconoce a ciertos sujetos como sujetos de la modernidad (y de la historia) y no puede reconocer tampoco las condiciones contingentes de producción de ese discurso. De este modo, se establece una separación entre los "sujetos de la nación" y las "comunidades menores pre-modernas", las cuales quedan destinadas a un proceso de adaptación en tanto pertenecen a ese otro orden antropológico que es imaginado como distante en el tiempo (ibíd.: 20).

Estos supuestos están en la base de la noción de folklore y de la folklorística que se conforma en torno a ella, y que comienza a constituirse como disciplina en el siglo XIX, demarcando como objeto de estudio el "saber del pueblo". El folklore comienza a definirse, así, como una esencia enraizada en lo telúrico y ancestral (Blache, 1992: 84) y su portador, el campesinado, como un sujeto colectivo, detentador de las raíces, el fondo étnico, el carácter primigenio y la originalidad cultural de cada nación. El campesinado es situado en un tiempo igualmente ideal, originario y ancestral: el tiempo mítico de su gestación como "pueblo" (Ortiz, 1994: 53). Gracias a ello, el folklore se vuelve inmutable y permanece extrañamente sin cambios durante siglos como vestigio de una etapa de la evolución general de la humanidad que todavía, sin embargo, puede llegar a contemplarse. Esta operación, por la cual se circunscribió al campesino como principal depositario del folklore, sufre a lo largo de los siglos XIX y XX distintos deslizamientos de la mano de folkloristas, musicólogos, coleccionistas y hombres pertenecientes a la elite letrada que se abocan a la recolección de determinadas expresiones culturales como esenciales de la identidad nacional. Como veremos, la folklorización del indio, a comienzos del siglo XX, será uno de dichos deslizamientos.

El análisis de estas operaciones permite repensar el vínculo que Anderson y Hobsbawm establecen entre nación y modernidad. Observar el modo en que la propia modernidad "inventa" a las sociedades tradicionales, en una doble operación de ligazón y ruptura, muestra cómo el discurso nacional jerarquiza poblaciones que, aunque conviven en el presente, en el imaginario son reducidas al pasado. La "sociedad tradicional" de Hobsbawm, con sus costumbres que se presentan menos inventadas que las tradiciones de la sociedad moderna, y la evolución que Anderson ve en la inevitable homogeneización, propia de la sociedad industrial y la modernidad, que allana el camino hacia la constitución de comunidades nacionales, vistas a la luz de estas reflexiones parecen reproducir las mismas operaciones del discurso nacionalista. Si el discurso del nacionalismo, con su concomitante sello de modernidad y universalismo, es un componente de lo que Dussel (2000) ha denominado el mito de la modernidad, el discurso mismo de los autores que han reflexionado sobre aquello queda preso de él.

La configuración de jerarquías al interior de la nación: el rol de la idea de "raza"

Más allá de las experiencias propias de los sujetos que, como establece Chatterjee, presentan una heterogeneidad que desafía el ideal homogeneizante de la nación, algunos autores que centraron sus estudios en los procesos de construcción de las naciones latinoamericanas han visualizado cómo el mismo proyecto nacional también construye la diferencia de manera activa (Wade, 2008: 376). No sólo establecen vínculos horizontales (tal como plantea Anderson) sino también verticales, recreando jerarquías al interior de la comunidad nacional (Alonso, 1994). Así, si el mito de la modernidad anclado en las elites criollas que controlaron los Estados republicanos llevó, por un lado, a los intentos de construir una nación según la experiencia europea, es decir, buscando la homogeneización de la población encerrada en las fronteras del Estado, por otro lado, fueron reconfiguradas las clasificaciones raciales heredadas de la colonia, en función de las cuales la gran mayoría de la población designada como "negros", "indios" o "mestizos" se vio impedida de tomar alguna participación en la generación y en la gestión del proceso de construcción estatal (Quijano, 2005: 33 y 34). De este modo, los nuevos Estados independientes quedaron articulados a sociedades profundamente coloniales, lo cual impidió el proceso de democratización de la sociedad, condición básica para su nacionalización, truncando el sueño de las elites criollas de emular el modelo eurocéntrico del moderno Estado nación (Quijano, 2011).

La idea de raza se entronca con la de nación justamente por el carácter colonial de las sociedades latinoamericanas. Este ha sido analizado desde distintas perspectivas que buscaron designarlo y explicarlo. Una primera conceptualización fue desarrollada por González Casanova. Bajo el término de "colonialismo interno", este autor designó el proceso por el cual, luego de los movimientos de independencia de las antiguas colonias, "con la desaparición directa del dominio y la explotación de los nativos por el extranjero, se establece el dominio y la explotación de los nativos por los nativos". El colonialismo pasa entonces de ser un fenómeno internacional, a un fenómeno interno, intranacional (González Casanova, 1963: 16). Esta conceptualización, influenciada por la búsqueda de elementos explicativos para los problemas del desarrollo en América Latina, presenta una perspectiva economicista que prevalece por sobre el análisis de otras esferas del sistema de dominación colonial. Aun así, constituye uno de los enfoques que ha planteado la insuficiencia de los análisis de clase exclusivamente para explorar las realidades latinoamericanas y la necesidad de conjugarlo con un análisis de las estructuras coloniales definidas en términos étnico/raciales. De este modo, la especificidad del colonialismo interno se halla en una estructura de relaciones sociales de dominio y explotación entre grupos culturales heterogéneos, entre "una población (con sus distintas clases, propietarios, trabajadores) por otra población que también tiene distintas clases (propietarios y trabajadores)" al interior del Estado nación (ibíd.: 26). Rivera Cusicanqui, en sus trabajos sobre Bolivia, retomó la categoría de colonialismo interno dotándola de una acepción más culturalista. En un "análisis del vínculo entre los fenómenos de violencia estructural y la formación/transformación de las identidades culturales" concibe al colonialismo interno "como un conjunto de contradicciones diacrónicas de diversa profundidad, que emergen a la superficie de la contemporaneidad, y cruzan, por lo tanto, las esferas y las ideologías ancladas en la homogeneidad cultural" (Rivera, 1993: 30). El sustrato colonial actúa, así, a la manera de un colonialismo interno al ser refuncionalizado por las configuraciones sociales posteriores, determinando una estratificación de la sociedad boliviana donde la etnicidad adquiere una predominancia fundamental.

Será Quijano, y los estudios descoloniales que se conformaron en torno a sus postulados, quien a través de la categoría de colonialidad plantee la centralidad de la idea de raza en la estructuración social de América Latina. Dentro de su análisis, las características coloniales de las sociedades latinoamericanas no son un resabio o herencia colonial pasible de ser superada por la modernidad, ni tampoco un sustrato refuncionalizado por otras configuraciones posteriores, sino que colonialidad y modernidad funcionan como contracaras del patrón mundial de poder capitalista desplegado a partir de la conquista de América. Este patrón de poder se funda en la imposición de la idea de raza como elemento de clasificación social en torno al cual se reconfiguran las clasificaciones de clase y género, y opera en todos los ámbitos materiales y subjetivos, originando nuevas identidades sociales y geoculturales. Asimismo, impone el eurocentrismo como única racionalidad válida y como emblema de la modernidad (Quijano, 2007). Esta perspectiva de análisis sostiene que la diferencia entre colonizador y colonizado concebida en términos raciales constituye un elemento estructural indispensable dentro del sistema de dominación. Pone en escena la importancia de la racialización de los grupos sociales aun en los Estados independientes, al mismo tiempo que inserta a cada uno de ellos (con sus particularidades locales y sus reconfiguraciones en el tiempo) en una estructura de dominación común, superando los límites del Estado nación dentro del cual se enmarca el análisis del colonialismo interno. El "problema del indio", entonces, denominación que no designa sino las estructuras sociales coloniales de los Estados independientes (Quijano, 2005), se hace presente incluso dentro de aquellos que, tras los mitos de "nación blanca" o "mestiza", han querido soslayarlo. El concepto de colonialidad, por tanto, permite adentrarnos en el estudio de las representaciones de nación como configuraciones específicas de un patrón de poder común que las sustenta y al cual, en conjunto, reproducen.

Ahora bien, ¿qué significa hablar de raza y categorías raciales? ¿En qué sentido y de qué modo las categorías raciales se articulan con los procesos de construcción de las naciones latinoamericanas?

Las reflexiones en torno al concepto de raza como categoría analítica resurgieron en la década de 1980 para explicar por qué, si bien luego de la Segunda Guerra Mundial este término había sido abandonado, el racismo y la existencia de grupos subalternizados a través de su racialización persistían. Como ya fue enunciado, para los análisis sobre dicha categoría en América Latina el hecho colonial se volvió un evento insoslayable. Con un enfoque histórico, varios autores reflexionaron sobre los diferentes sentidos que adquirió allí la noción de raza desde el período colonial hasta la conformación de los Estados nacionales, destacando su persistencia como elemento de clasificación social. A partir de estos estudios es posible concebir a la raza como un constructo social que debe mantenerse abierto a la historia, retirado de los nativismos fundamentalistas, esencialistas y anti-históricos (Segato, 2010: 31). Aun así, la persistencia de esta categoría se encuentra signada por su funcionamiento como mecanismo que presenta las ideas de superioridad-inferioridad, implicadas en toda relación de dominación, como diferencias de naturaleza, invisibilizando su carácter histórico (Quijano, 2011). La categoría de raza establece una asociación entre naturaleza y cultura (por la cual la primera determina a la última) a la vez que implica su disociación a la hora de concebir a los individuos. Esta doble operación es la que permitirá plantear que determinadas poblaciones se encuentran más cercanas a la naturaleza, mientras que otras a la cultura. Es necesario, por tanto, deconstruir estas dicotomías para visualizar cómo el supuesto naturalmente dado de la variación fenotípica sobre la cual se construye la categoría de raza también es construido socialmente. Como plantea Wade, las diferencias físicas convertidas en claves para las distinciones raciales son las que corresponden a los enfrentamientos geográficos de los europeos en sus historias coloniales. Las razas, las categorías raciales y las ideologías raciales se elaboran mediante aspectos particulares de la variación fenotípica convertidos en significados vitales de diferencia durante los enfrentamientos coloniales de los europeos con otros pueblos (Wade, 2000: 22-23). Desde su establecimiento tras la conquista de América, la idea de raza va llenándose de equívocos e incluso en determinados períodos coexisten diferentes definiciones. De todos modos, nunca ha dejado "su prisión original, que todo el tiempo menta la diferencia de naturaleza entre vencedores y vencidos" (Quijano, 1993: 761).

Esta investigación toma como punto de partida las reflexiones enunciadas en la década de 1980 sobre la nación como una invención que busca crear una comunidad homogénea, que se encuentra en íntima relación con la construcción de los Estados modernos y que implica el establecimiento de genealogías que inventan orígenes y tradiciones. Sin embargo, se vale también de reflexiones más recientes que brindan otras herramientas conceptuales. Estas se han basado en un cuestionamiento de los supuestos presentes en las interpretaciones previas que conciben un modelo universal y modular de nación, una noción unívoca del tiempo, y un predominio de los vínculos horizontales que conforman a los integrantes de una nación como comunidad. Los cuestionamientos sobre la concepción unívoca del tiempo complejizan el modo en que se construyen las memorias nacionales, problematizando las nociones de tradición y modernidad que ocultan el proceso de mutua constitución en el cual la modernidad define lo tradicional al mismo tiempo que se define a sí misma. Por otra parte, observar no sólo los lazos horizontales que conforman a la comunidad nacional sino también los verticales que establecen jerarquías a su interior, permite introducir a la raza como variable de análisis y observar cómo tanto las representaciones de nación como de indianidad se encuentran atravesadas por una clasificación racial.

Desde esta perspectiva, se estudian determinadas prácticas culturales que contribuyeron a delinear las nociones de indianidad y nación en Bolivia a principios del siglo XX. Ambas son concebidas, aquí, como representaciones co-constitutivas que albergan ideas, vocabularios, imágenes y estéticas, pero también rituales materiales, instituciones de gobierno y sistemas de dominación.

El libro se estructura de la siguiente manera. El capítulo uno se propone abordar la patrimonialización de las ruinas de Tiwanaku observando de qué modo se inscribe en el proceso de construcción de la identidad nacional boliviana y cómo se articula con la noción de indianidad que allí se forja en este período. Para ello, se estudian, en primer lugar, los procesos de patrimonialización desde el ámbito legislativo e institucional; luego, el sentido impreso a la indianidad a través de un análisis de imágenes fotográficas y, por último, el modo en que esos sentidos son articulados con las ideas de urbanidad de La Paz. El capítulo dos se centra en el proceso de conformación de la música folklórica boliviana. Reconstruye la multiplicidad de sentidos desplegados en torno a ella a partir de escritos, recopilaciones y obras musicales de compositores bolivianos y de distintas políticas culturales desplegadas en torno a este ámbito, focalizando en el modo en que la definición del folklore implicó, a su vez, una redefinición de la indianidad a la que se encontraba asociado. El tercer capítulo aborda una festividad que se celebró en La Paz en 1931 llamada "Semana indianista". En ella la indianidad fue el foco de expresiones musicales, teatrales, pictóricas y se organizaron desfiles con la participación de caciques apoderados y excursiones a Tiwanaku. Constituye un evento en el cual aparecen cristalizadas las representaciones gestadas desde comienzos del siglo XX. Finalmente, el último capítulo tiene como objetivo mostrar los alcances y límites de la representación del indígena construida por las elites. Para ello se analiza el pensamiento y las prácticas políticas del indígena apoderado Eduardo Nina Quispe en torno a la educación y la legislación sobre la propiedad territorial conducentes a la elaboración de un proyecto de nación alternativo que entrará en tensión con las nociones hegemónicas de nación e indianidad forjadas por las elites.

1

Actualizando el pasado, arcaizando el presente

Reconfiguraciones de la indianidad en la patrimonialización de las ruinas de Tiwanaku

> Tiwanaku es la tierra hecha hombre y el hombre que regresa a la tierra después de haber dejado huella su tránsito telúrico. (Diez de Medina, 1966: 44)

El 21 de enero de 2006, Evo Morales tomó posesión de la presidencia de Bolivia. En un país mayoritariamente indígena, por primera vez un mandatario aymara, surgido de los vigorosos movimientos sociales que en los años previos habían llevado al virtual colapso del sistema político imperante, llegaba a la más alta magistratura. El acto de asunción presidencial vino a resaltar este extraordinario hecho. Mientras la toma de posesión oficial tendría lugar como era costumbre al día siguiente en el Parlamento, el nuevo gobierno organizó una espectacular ceremonia pública destinada a exhibir el rol que la población y la cultura indígena tendrían en el nuevo orden de cosas. El escenario elegido fue Tiwanaku. Entre los grandes monolitos y templetes de este sitio arqueológico emplazado en las cercanías de la ciudad de La Paz a 4000 metros sobre el nivel del mar, Evo Morales, vestido con un poncho rojo, abarcas de cuero y un *chuk'u* (gorro aymara de cuatro puntas), se dirigió a una multitud de unas setenta mil personas que hacía flamear *whipalas*, la bandera de siete colores que representa a las diferentes etnias de los Andes bolivianos. Recibió luego de los amautas (los sabios o maestros indígenas) la bendición de los dioses para ser líder del pueblo. La ceremonia fue televisada en vivo a todo el país y estuvo en las portadas de los diarios de Bolivia, y de muchos otros países de mundo, al día siguiente.

La asunción de Evo Morales nos recuerda el lugar simbólico central que Tiwanaku ocupó en la fundación de lo que, tras la reforma constitucional sancionada en 2009, sería el actual Estado Plurinacional de Bolivia. Por cierto, esta connotación no es del todo nueva. La principal civilización andina previa al incario, Tiwanaku, ya había sido adoptada como un emblema patrio por el gobierno del Movimiento Nacionalista Revolucionario (MNR) en 1952, pero no ya como medio de reivindicar la diversidad étnico-cultural de la sociedad boliviana, sino como parte de una construcción ideológica que proclamaba el carácter mestizo de la nación. Fue nuevamente realzado en la década de 1970 en función todavía de otro designio político: el indianismo radical de los grupos aymaras que confluyeron en el emergente movimiento katarista. Al observar los distintos usos que se han hecho de las ruinas de Tiwanaku a través del tiempo, surge con claridad que el patrimonio nacional no resulta algo inscripto en la historia o la materialidad de las cosas, sino un proceso a través del cual objetos, prácticas y símbolos son concebidos como tal en virtud de particulares esquemas de significación. De hecho, si bien las ruinas aparecen en textos muy tempranos (figuran, por ejemplo, en las crónicas de Cieza de León o en relatos de viajeros del siglo diecinueve), estuvieron del todo ausentes durante las etapas iniciales del proceso de construcción del Estado nación. Cuándo comienzan a aparecer como un símbolo de la bolivianidad es motivo de discusión historiográfica. El arqueólogo Carlos Ponce Sanginés ha planteado que fue gracias a la institucionalización de la arqueología boliviana en la década de 1950 que se consiguió encuadrar el patrimonio cultural prehispánico dentro de un marco jurídico y legal preciso. Trabajos más recientes han colocado el origen del fenómeno en un momento previo, aunque, sin embargo, minimizan su rol dentro de las políticas culturales estatales del primer tercio del siglo XX. Pablo Quisbert (2004) analiza la revalorización de Tiwanaku presente en los escritos de Posnansky desde comienzos de siglo, pero plantea que fue la "Arqueología de la Revolución" la que consagró definitivamente su vínculo con el porvenir de la nación de la mano de un proyecto político que exaltaba el mestizaje cultural. Cármen Loza (2008), por su parte, propone una genealogía del nacionalismo arqueológico que adelanta sus orígenes a los años 30, remarcando el contexto de la Guerra del Chaco como condicionante fundamental para su despliegue, y enfatiza el carácter de ruptura que implicó respecto de las concepciones liberales de nación de las décadas previas. Finalmente, Seemin Qayum (2002 y 2011) remite a un folleto anónimo publicado en 1897 que proclamaba a Tiwanaku la cuna de la nación boliviana, el cual es tomado como evidencia de un incipiente indigenismo que, de todos modos, no lograba traducirse en prácticas estatales de gestión de las ruinas.

Este capítulo presenta una interpretación diferente tanto sobre la cronología como en relación a la función del proceso de patrimonialización de Tiwanaku. Sostenemos que fue durante los primeros años del siglo XX, en pleno apogeo del régimen liberal, que se manifestó una creciente preocupación por las ruinas en ámbitos políticos, culturales y científicos. El interés público sobre el tema dio lugar, en 1903, a los primeros proyectos y debates legislativos en torno al estatuto legal y significado histórico del sitio. Como resultado, se pusieron en marcha una serie de iniciativas que, con variable grado de éxito, tendieron a proteger y poner en valor los restos arqueológicos. El estudio conduce pues a reincorporar la patrimonialización de Tiwanaku en el sinuoso proceso de conformación de la identidad nacional en un período previo al establecido por la historiografía reciente. Fue parte de un variado conjunto de representaciones y políticas culturales en las que estuvieron involucrados una multiplicidad de actores, incluyendo de manera prominente el Estado boliviano. Sostendremos que el fenómeno obedeció a una doble dinámica, espacial y social. Ocurrida en las postrimerías de la victoria militar de la elite liberal paceña sobre los conservadores chuquisaqueños, la recuperación del pasado tiwanacota buscó proyectar una representación hegemónica de nación que apuntalaba el lugar central de La Paz ya en los orígenes remotos de la historia patria. Permitía asimismo exhibir la originalidad boliviana hacia el exterior en un momento de intensa circulación trasnacional de saberes y técnicas arqueológicas y de un incipiente interés turístico en los países centrales por las "culturas exóticas". Inextricablemente asociada a estas dinámicas espaciales, los debates en torno a la patrimonialización de Tiwanaku contribuyeron a reconfigurar las jerarquías sociales heredadas de la colonia al interior de la comunidad nacional a escasos años de la supresión de la más importante sublevación de las comunidades indígenas desde los levantamientos kataristas de fines del siglo XVIII, la rebelión liderada por Zárate Willka. La revalorización de las ruinas imprimió un sentido específico a la indianidad que, a través de un uso particular de la temporalidad y un complejo arsenal simbólico, conllevó una representación folklorizada de lo indígena que permitió incorporarlo a la comunidad nacional a la vez que circunscribirlo en un lugar y tiempo determinados. Ciertamente, estuvo lejos de ser un proceso lineal y uniforme pues involucró conflictivas visiones ideológicas, así como una pluralidad de campos sociales, desde las modalidades de monumentalización y las representaciones visuales hasta las disputas políticas y los marcos jurídicos.

El análisis de las prácticas que hacen a este proceso de patrimonialización se basa en un corpus de fuentes heterogéneo que abarca documentación legislativa, informes de la Prefectura, artículos de prensa, ensayos e imágenes fotográficas. Dichas fuentes son puestas en diálogo con diferentes perspectivas teóricas que permiten problematizar las diversas operaciones legislativas y simbólicas que hicieron confluir el pasado tiwanacota y la población indígena contemporánea en un proyecto de nación acorde con las necesidades del gobierno paceño de comienzos de siglo XX. En función de los objetivos enunciados, presentamos, en el primer apartado, las herramientas conceptuales utilizadas para el análisis. Repasamos luego el contexto histórico en el cual se despliega el proceso de patrimonialización de Tiwanaku. A continuación, reconstruimos las operaciones legislativas e institucionales que hicieron a dicho proceso. La siguiente sección se focaliza en el sentido impreso a la indianidad a través de un análisis de imágenes fotográficas de Tiwanaku. Finalmente, analizamos los debates en torno a dos ambiciosos proyectos de trasladar las ruinas a la ciudad de La Paz. En conjunto, el estudio nos permite vislumbrar las peculiaridades ideológicas de la apropiación de cuño liberal de los más imponentes restos de las sociedades altiplánicas precolombinas, antes de que se convirtieran en el escenario icónico de la nación mestiza, el anticolonialismo aymara y el Estado plurinacional boliviano.

Una introducción a las lecturas sobre patrimonio cultural

La cultura Tiwanaku se remonta al 200 a. C. Se originó a unos 17 kilómetros al sur del lago Titicaca, aunque a partir del siglo VII se extendió más allá de su perímetro local y ejerció su dominio efectivo sobre el territorio del altiplano y valles de Bolivia, y ciertas zonas del sur del Perú y del norte de Chile. Se han establecido tres estadios de desarrollo para Tiwanaku: el aldeano, el urbano y el imperial. En el primero Tiwanaku conformaba una aldea de proporciones modestas y economía autosuficiente basada en la actividad agrícola. El segundo estadio, de faz plenamente urbana, significó la conversión de la aldea de producción autosuficiente a una economía especializada y el desarrollo de un aparato gubernamental y religioso. De esta etapa datan las monumentales estructuras arquitectónicas tales como Kalasasaya y Pumapunku, con aproximadamente dos hectáreas de superficie cada una, y la pirámide de Akapana. En este período también se establecieron enclaves coloniales en la zona de Ayacucho, Arica y Atacama, que después sirvieron de puntos clave para sus designios de conquista. Finalmente, durante el estadio imperial se produjo una expansión en vasta escala. Si bien los modos en que se produjo la expansión no fueron idénticos en todas las regiones, la aparición del imperio permitió una unificación adoptando, en términos arqueológicos, la figura de horizonte panandino (Ponce Sanginés, 1976: 71-86). Sabemos que en el siglo XIII el imperio se desplomó de súbito y Tiwanaku quedó sumido en el ocaso y el olvido. Legó, sin embargo, un conjunto de ruinas monumentales que con el tiempo se tornarían los más importantes restos arqueológicos del actual territorio boliviano y objeto de diferentes apropiaciones de sentido. Pero antes de adentrarnos en ese proceso presentaremos algunas reflexiones en torno a los conceptos de patrimonio y patrimonialización.

David Lowenthal (1994) ha planteado las dificultades que se presentan a la hora de definir la noción de patrimonio. El creciente interés sobre él en ámbitos tan disímiles tales como la arquitectura, el arte, la familia y la naturaleza amenaza con volver vacua su definición. Aun así, afirma, sigue siendo el término que mejor denota nuestra ineludible dependencia del pasado. De todos modos, como propone Robert Hewison (1987) lo que preocupa en las políticas de patrimonio es menos el pasado en sí que su vinculación con el presente. La pregunta, entonces, no es si debemos o no preservar el pasado, sino qué tipo de pasado elegimos preservar y cómo incide en nuestro presente. Hewison enfatiza así el carácter de construcción social que presenta el patrimonio. Este supuesto implica dejar de concebirlo como algo dado, que debe ser protegido, explotado turísticamente o preservado, tal como se lo ha definido desde la museística y la arquitectura. De todos modos, esta visión antropológica continúa siendo muy abarcativa y dentro de ella es posible encontrar algunas distinciones. Guillermo Bonfil Batalla (1993) define al patrimonio como el acervo cultural que posee todo grupo social. Su valor patrimonial se establece según la escala de valores de la cultura a la que pertenece; en ese marco se filtran y jerarquizan los bienes del patrimonio heredado y se les otorga o no la calidad de bienes preservables. Sin embargo, plantea el autor, la pretensión de la cultura occidental de instaurarse como universal ha conducido al desarrollo de esquemas interpretativos y escalas de valores que se han aplicado al patrimonio de culturas no occidentales, con la intención ideológica de conformar y legitimar un patrimonio cultural "universal". Estos mismos mecanismos de selección han sido desarrollados en el marco de los Estados nacionales en sus esfuerzos por constituirse en cultura nacional, y como tal, única, homogénea y generalizada. A partir del análisis del caso mexicano, Bonfil Batalla observa cómo el nacionalismo contiene un movimiento doble: por una parte, construye desde arriba una cultura nacional a partir de un patrimonio que se considera común y que estaría constituido por los mejores elementos de cada una de las culturas existentes; por la otra, transmite o impone esta nueva cultura a los sectores mayoritarios, es decir, sustituye sus culturas reales por la nueva cultura nacional que se pretende crear en el primer movimiento. Naturalmente, esa unificación ni aspira ni puede unificarlo todo en tanto supone una selección de datos de la historia y de los elementos de los diversos patrimonios culturales para construir una sola historia y un solo patrimonio cultural. Se produce, de este modo, una unificación ideológica que no corresponde a una fusión real de culturas, y en esto radica la pobreza del proyecto nacional. La cultura nacional resulta ser, así, a diferencia del patrimonio, una construcción artificial, un proyecto, un anhelo imposible, atravesado siempre por la estructuración colonial de la sociedad que considera ilegítimo el patrimonio indígena y establece una relación asimétrica entre este y la cultura dominante.

Esta noción amplia de patrimonio se encuentra íntimamente ligada a la valorización que Bonfil Batalla hace de las culturas a las que la situación colonial ha negado su status como tal y constituye un antecedente importante para nuestro enfoque. De todos modos, analizar las particularidades del patrimonio nacional pone en escena otra cuestión, que es la operación de construcción y selección de elementos culturales a ser patrimonializados. Imbricar estas dos construcciones sociales (patrimonio y nación) que aparecen delimitándose mutuamente permite pensar que quizás el patrimonio cultural en sí es menos dado de lo que aparenta en el análisis de Bonfil Batalla. Junto a los estudios que en las últimas décadas han dirigido las reflexiones sobre patrimonio a una constelación más amplia de manifestaciones culturales, tangibles e intangibles, preferimos hablar de procesos de patrimonialización o, más bien, de manifestaciones pasibles de ser patrimonializadas.[1]

Particularmente el trabajo de Prats nos permite ahondar en el análisis de estos procesos de patrimonialización de prácticas y objetos. En primer lugar, discute la universalidad del patrimonio, no porque jerarquice determinados bienes y valores culturales respecto de otros, sino porque en su concepción constituye algo mucho más específico. Consiste en un proceso cuya particularidad radica no sólo en ser una construcción social sino, y principalmente, en su capacidad para representar simbólicamente una identidad. El proceso en sí consiste en una legitimación de referentes simbólicos a partir de fuentes de autoridad o sacralidad extraculturales, esenciales y, por tanto, inmutables. Al confluir estas fuentes de sacralidad en elementos culturales (materiales e inmateriales) asociados con una identidad

---

[1] Véase al respecto: Albro, 1998; Bialogorski y Fischman, 2001; Bueno, 2010; Collins, 2009; Habib, 2006; Prats, 2004; Savova, 2009.

dada y unas determinadas ideas y valores dicha identidad, y las ideas y valores asociados a los elementos culturales que la representan así como el discurso que la yuxtaposición de un conjunto de elementos de esta naturaleza genera (o refuerza), adquieren asimismo un carácter sacralizado y, aparentemente, esencial e inmutable (Prats, 2004: 22).

Ahora bien, esos elementos culturales potencialmente patrimonializables para constituirse en patrimonio deben ser activados y es en esta instancia donde entra en juego el poder dentro de la conceptualización de Prats. Concebir a las activaciones patrimoniales como estrategias políticas significa asumir que ninguna activación patrimonial es neutral o inocente, sean conscientes o no de esto los correspondientes gestores del patrimonio. "No activa quien quiere sino quien puede", y quienes pueden son, en primer lugar, los poderes políticos constituidos. De todos modos, si bien estos son los principales agentes de activación patrimonial, los repertorios patrimoniales también pueden ser activados desde la sociedad civil por agentes sociales diversos, aunque para fructificar siempre necesitarán el soporte del poder (ibíd.: 32-38).

¿Cuáles son, entonces, las fuentes de autoridad extracultural de Tiwanaku? ¿A qué identidad o identidades, ideas y valores está asociado? ¿Quién o quiénes activan dicho bien como patrimonio cultural de Bolivia? ¿Qué elementos y emociones quedan condensados en él?

Tiwanaku a comienzos del siglo XX

Como hemos visto en la introducción, las primeras décadas del siglo XX, en las cuales se sitúa el proceso de patrimonialización de las ruinas de Tiwanaku, fueron testigo del ascenso de una elite paceña que se propuso llevar a cabo el proyecto de conformar un Estado moderno, para lo cual delinear los límites de la nación boliviana se volvió un aspecto central. Su triunfo en la Guerra Federal significó la represión de la rebelión indígena más masiva que se había producido en el período independiente, así como el traslado de la sede de gobierno de Sucre a La Paz. El proyecto de nación emprendido por esta elite estuvo signado, por tanto, por la necesidad de imponer un reordenamiento tanto regional como social. Por un lado, debía delinear y proyectar una identidad paceña a nivel nacional en pos de legitimar su reciente encumbramiento en el poder y, por otro, reconfigurar la articulación entre la población indígena y la comunidad nacional después de la rebelión. El proceso de revalorización de las ruinas de Tiwanaku se enmarca y se desprende de este proceso.

Los conocimientos sobre la cultura tiwanacota no tenían en ese entonces gran trayectoria. Los primeros estudios fueron llevados a cabo por los viajeros del siglo XIX. De la mano de Tadeo Haenke, Alexander von Humboldt y Alcide d´Orbigny, aparecieron las primeras reproducciones de algunas ruinas. En 1890 se inició la investigación arqueológica con un contenido netamente científico, la cual convivió con la labor de aficionados y coleccionistas privados. Durante este período las investigaciones quedaron principalmente a manos de misiones extranjeras. Los principales exponentes de esta "etapa protoarqueológica" son Max Uhle, Georges Courty, Arthur Posnansky y Wendell Bennet, quienes desplegaron las primeras teorías sobre la cronología, origen y decadencia de la cultura tiwanacota. Recién a fines de la década de 1950 se produjo la institucionalización de la arqueología boliviana y comenzaron a consensuarse las principales teorías que tendrían incidencia hasta la actualidad (Ponce Sanginés, 1994).

A partir de la creación de la República, las ruinas de Tiwanaku quedaron bajo jurisdicción del Departamento de La Paz. Si bien durante el proceso independentista las ruinas adquirieron un valor simbólico expresado en la ordenanza del Mariscal Sucre para levantar la Puerta del Sol, en las posteriores décadas las mismas fueron expuestas a sucesivos destrozos que evidencian el abandono del sitio como baluarte de la bolivianidad. Así, entre 1902 y 1903 los monumentos prehispánicos de Tiwanaku sufrieron graves daños como consecuencia de la construcción del ferrocarril Guaqui-La Paz, para la cual fueron convertidos en cantera (ibíd.: 116). Asimismo, la Puerta del Sol fue usada para tiro al blanco en los entrenamientos militares, y era una práctica corriente el robo de reliquias o el uso de sus piedras para la construcción de las viviendas del vecindario de Tiwanaku (*El Comercio de Bolivia*, 7-11-1903; *La Razón*, 9-3-1929; *El Diario*, 3-5-1933). Estos acontecimientos sin embargo conviven, como veremos a continuación, con los primeros intentos del gobierno liberal paceño para constituir a Tiwanaku como patrimonio nacional.

Este proceso de revalorización que se dio en el primer tercio del siglo XX no sólo se relaciona con las necesidades coyunturales de la nación boliviana en proceso de conformación, sino que a nivel regional se estaba gestando un movimiento que hacía legítima la presentación de Bolivia como "nación indígena" y que se encontraba signado por una monumentalización de tal identidad. Particularmente, las dos áreas con los legados más importantes de las culturas precolombinas sufrieron procesos similares. En México, el "mito del mestizaje", hegemónico en el período posrevolucionario, estuvo acompañado de un "estatismo estético" en el cual se produjo una monumentalización de la cultura indígena como patrimonio nacional extendiendo la estética del museo al espacio público urbano. Así, en contrapunto con los edificios neoclásicos construidos durante el siglo XIX, la arquitectura nacionalista de 1920-1930 buscó materializar la síntesis mestiza en un estilo neocolonial que fusionaría lo español y lo indio, conjugando su convicción de que la "cultura indígena es el verdadero cimiento de la identidad nacional" (Alonso, 2008: 181-182). Asimismo, en Perú, el indigenismo desplegado en el Cusco llevó a una valorización estética de dicha ciudad y de las ruinas cercanas a ella que permitía presentar a la nación como heredera del pasado imperial incaico. El interés por el conocimiento de la cultura incaica se profundizó aún más con los debates suscitados en torno al patrimonio nacional a partir de la llegada de la misión Bingham a Machu Picchu en 1911 (López, 2004; Mould de Pease, 2003; Quisbert, 2004: 184-186).

Tiwanaku como propiedad de la nación

Si abordamos el proceso de patrimonialización de Tiwanaku desde el aspecto legislativo, el primer documento al que debemos hacer referencia es un proyecto de ley de 1903 que declaraba a las ruinas de Tiwanaku propiedad de la nación. Este documento creaba, asimismo, una comisión científica permanente encargada de dirigir y regularizar las investigaciones y exploraciones arqueológicas en el recinto, establecía que ningún explorador o turista podría practicar excavaciones y recoger objetos de arte en dicha región sin conocimiento y autorización de la referida comisión, y declaraba propiedad nacional todo el terreno donde se encontraran vestigios de edificios, ruinas u objetos de arte antiguo (BAH ALP. Caja 108-59).

El año de elaboración de dicho proyecto coincide con la misión científica francesa de Créqui-Montfort y Sénéchal de la Grange, dentro de la que se encomendó a Courty que realizara expediciones en Tiwanaku. La misión tenía como objetivo "el estudio del hombre del Altiplano, de sus lenguas y de su medio, en el presente y el pasado, desde el Titicaca, al Norte, hasta la región de Jujuy (Argentina), al Sur" (de Créqui y Sénéchal, 1904: 82, citado en Mora, 2009: 40). También se ocupó de establecer vínculos con los gobiernos de la época en los países a recorrer, y de reclutar a los investigadores de diferentes disciplinas que se esperaba constituyeran el cuerpo de científicos de una misión de esta escala: Adrien de Mortillet, experto en paleontología y paleoetnología; Courty, naturalista a cargo de los estudios geológicos y mineralógicos; Neveu-Lemaire, médico a cargo del trabajo zoológico y fisiológico; y J. Guillaume, a cargo del registro antropométrico, fotográfico y fonográfico; por su parte, de Créqui se abocó a los estudios lingüísticos y etnográficos; y Sénéchal, al folklore y la sociología. La metodología usada por la misión basaba los estudios antropológicos en el sistema Bertillon de antropometría, y en los estudios sociológicos y de folklore, guiados por cuestionarios extraídos de boletines de la Société d'Anthropologie, publicados en junio de 1883. Finalizado el trabajo de campo, los investigadores se trasladaron a Francia, donde elaboraron informes, los cuales componen la producción bibliográfica de la misión (Mora, 2009: 41-43). Esta se inscribía así en un contexto en el que, dentro de los estudios antropológicos, el folklore y la antropometría habían cobrado gran resonancia, brindando los instrumentos hegemónicos de clasificación social. Habiendo ya inventariado sus elementos "folklóricos" al interior de Francia, la academia francesa se lanzaba ahora a la objetivación del hombre americano desde la lente científica concebida como una "herramienta de la maquinaria modernizadora y desarrollista" (ibíd.: 41). En ese mismo sentido fue recibida la misión por las elites bolivianas y desde esa impronta se percibía a Tiwanaku en esos años. Meses previos al comienzo de la expedición, en su edición del 3 de junio de 1903, *El Comercio de Bolivia* relataba una excursión a Guaqui organizada por la Sociedad Geográfica de La Paz. Dentro de ella, Tiwanaku constituía sólo un punto más dentro de la excursión:

> Sin decaer un solo momento el entusiasmo, pasamos a Tiahuanacu, pueblo en el que quedan aún los restos de una vieja civilización que sucumbió bajo el tiránico yugo de los conquistadores. Pocas reliquias nos quedan ya de esa época, y día a día van desapareciendo por la acción demoledora del tiempo que todo lo destruye, que no respetando esos célebres monumentos de la antigüedad, que con su mudo pero

elocuente lenguaje nos habla de las generaciones antiguas y nos da luz sobre esos pueblos cuyo origen se pierde en las tinieblas de los siglos (*El Comercio de Bolivia*, 3-6-1903).[2]

A raíz de las excavaciones llevadas a cabo por Courty las visitas organizadas por la Sociedad Geográfica de la Paz se intensificaron, ya que esta constituyó una comisión científica para acompañar la misión. Las publicaciones que cubrieron su actividad planteaban lo siguiente: "Hasta hoy las ruinas de Tiahuanacu son pues un misterio [...]. En vano es querer señalar [...] ni lo que significan esos monumentos, ni el tiempo en que fueron levantados [...]. A medida que se examinan los detalles la sorpresa aumenta y la imaginación se extasía". Pero la ciencia, "que nunca desmaya ante lo misterioso", sería el elemento para revelarlo (*El Comercio de Bolivia*, 1-11-1903).

Los relatos que se construyen a comienzos de siglo en torno a Tiwanaku lo presentan como un "misterio", un "monumento de la antigüedad" que nos habla de "esos pueblos" cuyo origen se pierde en las "tinieblas de los siglos". Reproducen el interés científico por las ruinas presente también en la visión de la comunidad internacional, a la vez que establecen una distancia respecto de ellas que impide anclar allí el pasado y el origen de la nación.

Por otra parte, el eurocentrismo propio de la misión es reproducido tanto por Courty como por las elites bolivianas. Refiriéndose a las prácticas de conservación de las

---

[2] En ese entonces la vida en el pueblo de Tiwanaku transcurría al margen de la presencia de las ruinas. El censo de 1900 registraba para el cantón un total de 5440 habitantes, de los cuales 796 residían en el pueblo mientras que 4644 en la circunscripción rural. Si bien el censo no desagrega su clasificación en "razas" a nivel cantonal, muestra los datos obtenidos para la provincia de Pacajes, a la cual pertenecía Tiwanaku. Allí registraban un número de 1558 personas clasificadas como blancas, 4473 como mestizas y 65605 como indígenas. La conflictividad en el mundo rural entre población indígena y hacendados era álgida. Durante las primeras décadas del siglo XX encontramos numerosas comunicaciones prefecturales al respecto (ALP/EP. Caja 251, 1922; ALP/P-TD. Caja 36, 1931; ALP/P-TD. Caja 37, 1932).

ruinas, Courty planteaba: "si sólo la cuarta parte de los objetos que forman el Museo estuviera en cualquiera de los países de Europa, en el más atrasado, ya se hubiese construido un palacio de cristal para guardarlos" (*El Comercio de Bolivia*, 7-11-1903). Al respecto, el periódico continuaba:

> Pero nosotros, los bolivianos, no sólo no construimos, no digamos un palacio de madera, pero ni siquiera un local de barro, adecuado para guardar esas reliquias históricas; y lo que es peor aún, miramos indiferentes su paulatina destrucción y hasta autorizamos ¡quien lo creyera! el empleo de esas ruinas en obras de albañilería [...]. Bien sabemos que el Mr. Courty en virtud de un contrato celebrado con el Gobierno, tendrá derecho a los ejemplares duplicados que se descubran [...] cuyo trabajo apreciamos debidamente (ibíd.).

En efecto, Courty remitió toda la colección compuesta por los objetos exhumados en Tiwanaku al puerto de Antofagasta para su embarque por vía marítima a Francia. De todos modos, la Sociedad Geográfica de La Paz reclamó puntualizando que sólo podía llevar una parte, y por gestiones ante el gobierno se embarcaron los bultos y se los remitieron de retorno a La Paz. Allí se procedió a un nuevo reparto en presencia del encargado de negocios de Francia, José Belín, y la mitad correspondiente a Bolivia fue entregada al Museo de Historia Natural (Ponce Sanginés, 1994: 115).

La maquinaria legal que fue convirtiendo a Tiwanaku en propiedad de la nación, y que por tanto aspiró a evitar sucesos de este tipo, se fue conformando a lo largo de las décadas siguientes. En 1906 el proyecto de 1903 se convirtió en ley. Se declararon entonces propiedad de la nación no sólo las ruinas de Tiwanaku sino también las existentes en las islas del lago Titicaca y "todas las de la época incásica o anteriores que existen o se descubrieren en el territorio de la república". Se estableció que el gobierno proveería a su cuidado y conservación, con cuyo objeto se fijaría anualmente una partida de presupuesto. Con esta ley quedaba prohibida la exportación de los objetos de arte provenientes de las mencionadas ruinas, y se establecía que el ejecutivo podría "encomendar a las respectivas sociedades geográficas la preservación y restauración de las ruinas indicadas, así como las excavaciones" (Portugal Ortiz, 1972: 20 y 21, citado en Ponce Sanginés, 1994: 118). Tal disposición se completó por el decreto supremo del 11 de noviembre de 1909 que prohibía las excavaciones de las ruinas de Tiwanaku e islas del lago Titicaca y la apropiación de los materiales y objetos artísticos de dichas ruinas o su aplicación a construcciones de cualquier género. Por otra parte, en base a la declaración de 1906, se establecía que los que intentaran excavar en ellas o se apropiasen de sus materiales sin previa autorización del gobierno serían perseguidos y castigados como reos de hurtos de bienes públicos. Por último, determinaba que las investigaciones sólo se harían por encargo del gobierno a corporaciones o personas que presenten un plan científico y completo de exploración, y encargaba al Ministerio de Instrucción Pública el cumplimiento del decreto (ibíd.).

Así quedaba constituido el primer marco legal que colocaba a Tiwanaku bajo la responsabilidad del Estado. De todos modos, su reglamentación y puesta en práctica distaba mucho de presentar un consolidado proceso de patrimonialización. Los expedientes de la administración de la provincia de Ingavi, a la cual pertenece el cantón de Tiwanaku, permiten ver los avatares de este proceso. En los expedientes revisados desde 1882 hasta 1933 es posible observar que los primeros años del siglo XX presentan una preocupación por la preservación de las ruinas, mientras que los siguientes se caracterizan por un silencio respecto de ellas hasta que, finalmente, en los albores de la década del 30 se produce un aumento considerable de la cantidad de telegramas e informes referidos a las ruinas.

Las dificultades para poner en práctica la legislación sobre Tiwanaku durante las dos primeras décadas del siglo XX eran enunciadas por el cuidador de ruinas, J. M. Salinas, quien en los telegramas enviados al prefecto de La Paz describía los obstáculos para realizar su tarea. Entre ellos argumentaba la necesidad de fondos para atender los trabajos del cerco de las ruinas (ALP/P-TD. Caja 32, 1911) y la dificultad para contratar jornaleros (ALP/P-TD. Caja 34, 1917). Numerosos telegramas versan sobre los conflictos con el corregidor. Al respecto escribía Salinas: "las veces que lo busco al corregidor siempre lo encuentro ebrio; y por consiguiente intratable" (ALP/P-TD. Caja 32, 1911), y manifestaba que se encontraba "completamente sin el menor auxilio para poder desempeñar debidamente el cargo" (ALP/P-TD. Caja 32, 1911).

Recién en la década de 1930 el marco legal habilitó una mayor intervención en el territorio de las ruinas. En julio de 1933 se emitió un decreto supremo por el cual se declaraba la expropiación de los terrenos en que estaban situadas las ruinas históricas de Tiwanaku, considerando que "para que la conservación de las mencionadas ruinas sea efectiva, es necesario cercar los terrenos en que se encuentran sin que la propiedad particular pueda obstaculizar dicha obra; y que habiéndose demostrado la conveniencia y necesidad de efectuar excavaciones, es preciso metodizarlas para el mejor estudio de la arqueología americana" (*El Diario*, 1-7-1933). Por este decreto, el prefecto del Departamento de La Paz debía mandar a practicar la mensura, alinderamiento y justiprecio de las tierras a expropiarse, y tramitar el expediente conforme a lo establecido por decreto del 4 de abril de 1879 declarado ley de Estado el 30 de diciembre de 1884.

Asimismo se creó la Comisión Asesora de Arqueología y Prehistoria con "el encargo de estudiar la reglamentación y estudio de un plan de expropiaciones y excavaciones con el fin de orientar y llevar a cabo científicamente obras que son indispensables para el estudio de la prehistoria y arqueología boliviana". La directora del Museo Nacional planteaba en una carta enviada a *El Diario* que "esta entidad ha nacido con el propósito de prestar su patriótico cuan eficaz concurso a la ciencia boliviana". El criterio para elegir a los integrantes de la comisión fue contar con "elementos representativos bolivianos de entidades científicas y sociales". Estos fueron: Juan Muñoz Reyes, presidente de la Sociedad Geográfica, Julio Mariaca Pando, delegado de los Amigos de la Ciudad, Agustín de Rada, consejero del Museo Nacional, Federico Buck, Federico Diez de Medina, José Manuel Villavicencio, ingeniero arquitecto autor de trabajos sobre arqueología tiwanacota, Belisario Díaz Romero, autor de notables obras sobre antropología, prehistoria e historia natural boliviana, Alberto de Villegas, delegado del gobierno ante la misión Bennet, Antonio Díaz Villamil y Teddy Hartman (*El Diario*, 28-6-1933). Quedaban, así, nucleadas en ella las principales entidades que buscaban promover un proyecto de nación impulsado desde la ciudad de La Paz.

Por último, en marzo de 1932 se erigió un cuartel para establecer una guardia permanente en las ruinas lo cual garantizaba el resguardo necesario para la aplicación de lo establecido desde el ámbito legislativo (ALP/P-TD. Caja 31, 1932).

Este marco brindó mayores posibilidades de acción sobre la zona y efectivamente los telegramas entre el corregidor, el cuidador de ruinas y el prefecto son mucho más recurrentes en este período, lo cual refleja una mayor intensidad tanto en relación a la vigilancia como a la actividad que allí se realiza. Aparecen condenas por destrozos y hurtos de ruinas (ALP/P-TD. Caja 36, 1931), informes sobre la importancia de impedir que vecinos del pueblo de Tiwanaku e indígenas cultiven y pastoreen su ganado en el predio de las ruinas (ALP/P-TD. Caja 37, 1932) y una agudización de las penas tomadas por incumplimiento de dichas disposiciones (ALP/P-TD. Caja 37, 1932). Asimismo, como parte del programa de trabajos para atender a las necesidades del pueblo de Tiwanaku se emprenden las tareas de "construcción de muros y arborización en el campo de ruinas, para la defensa, ornato y conservación de monumentos megalíticos", y se proyecta construir una gaceta donde se expendan boletos de entrada al campo de ruinas al elemento turista, cuyos fondos servirán para pagar al empleado destinado al cuidado de las ruinas y contribuirán al embellecimiento de ellas (ALP/P-TD. Caja 37, 1932).

El turismo dio un gran impulso a este proceso de revalorización de las ruinas. Aparece como principal motor de las romerías a Tiwanaku, organizadas, en primera instancia, por la Asociación Amigos de la Ciudad (con el apoyo de la Municipalidad de La Paz) y luego emprendidas directamente por la Oficina Municipal de Turismo. La visita era acompañada por demostraciones de danzas y música indígenas "especialmente citadas para que el visitante conociera mucho más el espíritu primitivo de la raza" (*El Norte*, 30-11-1929). Estas romerías fueron institucionalizándose e intensificándose a lo largo del tiempo, sobre todo a raíz de la misión Bennett (*La Razón*, 6-7-1932). Esta misión significó otro impulso para la revalorización de Tiwanaku proveniente, una vez más, de la comunidad internacional. En 1932 Wendell Bennett, arqueólogo norteamericano integrante del programa de investigaciones de arqueología andina del Museo de Historia y Ciencias Naturales de Nueva York, pidió autorización especial al gobierno boliviano para emprender nuevamente expediciones en Tiwanaku. Los discursos y debates desplegados en torno a este suceso demuestran una creciente apropiación de las ruinas como parte del pasado de la nación boliviana. Como hemos visto, el marco legal había cambiado. Las expediciones se suponía debían estar controladas bajo el gobierno nacional, ya que las ruinas eran, de hecho, propiedad de la nación desde 1906. La misión Bennett se proponía emprender trabajo de sondajes en Tiwanaku con el respaldo pecuniario del Museo de Historia y Ciencias Naturales de Nueva York (*El Diario*, 6-4-1932). Al respecto opinaba una editorial de *El Diario*: "Tiene una enorme significación para el país todo aquello que se refiere a la socialización de las viejas riquezas de nuestro suelo, pues ello atrae la atención del extranjero intensificando el deseo de los turistas y hombres de ciencia para visitar el territorio de la república. Haría bien el gobierno en tomar todo el interés que merecen estas cuestiones dedicándoles especial atención." Asimismo Max E. de Portugal opinaba que "serán bastante beneficiosos para los hombres de estudio del mundo, ya que por medio de sus trabajos llegaremos a saber algo más de nuestra confusa prehistoria, y será también un motivo para valorizar las pocas obras que se han escrito hasta la fecha" (*El Diario*, 25-6-1932).

Frente a ellos, la Academia Nacional de Historia manifestó su oposición a las excavaciones que se proyectaban en Tiwanaku argumentando que "no ha obtenido el país beneficio alguno de los descubrimientos hechos en Tiahuanacu, como los objetos encontrados antes y ahora mismo [...] y estamos de acuerdo en que Tiahuanacu no sólo pertenece a las actuales generaciones, sino a las que han de sucedernos, las cuales estarán mejor preparadas para emprender una labor sistemática de estudios arqueológicos que ejecutoríen (sic) la nobleza de nuestra historia" (*El Diario*, 10-6-1932).

Estos debates desencadenados a raíz de la segunda misión internacional en Tiwanaku presentan algunas diferencias con respecto a los que acompañaron la expedición de Courty. Las posiciones que defienden el pedido de Bennett no sólo resaltan el interés académico de la comunidad internacional, sino que esgrimen, también, el elemento del turismo donde aquella aparece como la receptora de una representación de Bolivia como "nación indígena". Al mismo tiempo, en las posturas que se oponen a la misión, Tiwanaku va pasando a ser no sólo propiedad de la nación sino que esta última se presenta como su descendencia, y las ruinas aparecen como fundadoras de la propia tradición nacional. En este sentido, es menester proteger ese bien y a la vez mostrarlo y presentarlo hacia la comunidad nacional e internacional como tal. A diferencia de comienzos del siglo, cuando primaba un mero interés investigativo, los años 30 definen a Tiwanaku como legado, origen y símbolo nacional.

La indianización de Tiwanaku

Si hemos analizado en el apartado anterior el proceso por el cual Tiwanaku se convierte en patrimonio nacional durante las primeras décadas del siglo XX, es necesario preguntarnos ahora por el sentido que adquiere dicho patrimonio. En este apartado retomaremos, entonces, los interrogantes enunciados al comienzo del trabajo para analizar la específica condensación de ideas, valores y emociones ligadas a las ruinas; para pensar, asimismo, a qué identidad están asociadas y cuáles son las fuentes que funcionan como "autoridad extracultural" que hace efectiva dicha condensación. Nos detendremos, también, en los agentes que activaron este proceso de patrimonialización.

Respecto de este último punto, es notorio que los primeros agentes del proceso de patrimonialización en el plano simbólico son asociaciones civiles, particularmente Amigos de la Ciudad y la Sociedad Geográfica de La Paz, respondiendo a la necesidad de pensar un proyecto de nación acorde a la coyuntura presentada a comienzos del siglo XX. Por otra parte, desde el comienzo esta operación es sostenida por el Estado, quien de hecho hace propias algunas prácticas tales como las romerías y el simbolismo tiwanacota.

También tuvo incidencia el impulso que significó la interpelación que la comunidad internacional hizo de Bolivia como "nación indígena". Esta interpelación se puede ver en lazos transnacionales específicos, como es el caso de las misiones científicas y el turismo. Ambos se dirigieron a América en una búsqueda de lo auténtico y lo autóctono que reproducía los sentidos exotizantes de las representaciones sociales coloniales. Dean MacCannell ha mostrado cómo el turismo se conformó como una práctica de la modernidad que, ante los sentimientos de alienación, fragmentación y superficialidad propios de esta, derivó en la búsqueda de "experiencias auténticas", siendo reflejo del deseo de los turistas modernos de reconectar con lo "prístino", "primitivo", "no tocado por la modernidad" (MacCannell, 2003: 265). Varios estudios sobre el turismo en la actualidad han reflexionado acerca de la articulación entre turismo y autenticidad mostrando las operaciones de construcción de dicha noción y su aplicación a ciertos colectivos tales como las comunidades indígenas (Canessa, 2012; Cohen, 1984; Comaroff y Comaroff, 2009; Theodossopoulos, 2013; Vandegrift, 2008; Ypeij, 2012). De este modo, analizaron el modo en que diferentes prácticas alternativas al turismo masivo, como por ejemplo el ecoturismo, etnoturismo o turismo espiritual, convierten a las comunidades indígenas en espectáculo, y a su supuesta autenticidad en capital turístico (Van den Berghe, 1994: 8-9; Wilson e Ypeij, 2012: 6-7). Estos sentidos están presentes en las excursiones a Tiwanaku, en un momento en que se encuentran en proceso de conformación y cristalización tanto el turismo internacional como la noción de autenticidad adjudicada a la población indígena a nivel nacional y regional. Por su parte, las misiones científicas contribuyeron a la definición de lo autóctono en una operación que intersectaba motivaciones académicas, diplomáticas y mercantiles. Ricardo Salvatore ha descrito cómo las expediciones norteamericanas a Sudamérica estaban signadas por la necesidad de conocer el potencial económico de las regiones periféricas, a la vez que constituían una empresa de conocimiento que buscaba incorporarlas dentro de una concepción universal de la evolución de la humanidad en el marco de una disputa con las universidades europeas por el discurso hegemónico en torno al origen del hombre americano (Salvatore, 1998 y 2003). De este modo, ocuparon un rol importante en la constitución de lo que Deborah Poole definió como "subjetividad imperial", esto es, un discurso estético, filosófico y político que moldea identidades, ideas e imaginarios a través de discursos raciales, narrativas históricas y configuraciones espaciales que legitiman el poder imperial (Poole, 2000: 111; 1998). Al construir en torno a lo indígena las nociones de originario, auténtico y prístino, estas representaciones imperiales fueron incidiendo en el peso que dichos elementos cobraron dentro de la representación de la nación boliviana. Por otra parte, la comunidad internacional, que funcionaba a la vez como productora y como espectadora de esa identidad nacional tuvo influencia, también, en las perspectivas eurocéntricas con las que nacionales y extranjeros abordaron este proceso de construcción.

Por último, Arthur Posnansky es un actor que merece una mención aparte. Austríaco, llega a Bolivia en los albores del siglo XX y rápidamente se integra en el cenáculo intelectual paceño. En 1904 se incorpora a la Sociedad Geográfica de La Paz. Visita las ruinas de Tiwanaku por primera vez en 1903, cuando se llevaba a cabo la expedición de Courty (Ponce Sanginés, 1999: 26 y 27). Nunca realizó excavaciones sino que se dedicó a documentar los monumentos visibles y sobre todo lo excavado por la misión francesa (ibíd.: 109). Eso no impidió que desplegara una prolífica obra sobre Tiwanaku, específicamente acerca de la definición de la cronología, la cuestión racial y la interpretación calendárica de la Puerta del Sol. Ligado a él se desarrollaron varias iniciativas tendientes a la patrimonialización de Tiwanaku tales como la institucionalización del Museo Nacional, las romerías organizadas por Amigos de la Ciudad y la emisión de estampillas con el símbolo de la Puerta del Sol (Quisbert, 2004: 184-186; Ponce Sanginés, 1994: 189).

La patrimonialización de Tiwanaku, por tanto, no es impulsada en primera instancia desde el Estado, sino que es la sociedad civil la que promueve actividades que luego son retomadas y formalizadas por aquel. Asimismo, se despliega como un proceso especular, donde la representación de una "Bolivia indígena" se conforma en el entrecruzamiento de las miradas eurocéntricas de las elites locales con las de la comunidad internacional que ve a Bolivia como el reducto del autoctonismo americano.

En relación a los elementos, ideas y valores a los que se asocia Tiwanaku, los discursos periodísticos y los que sirven de fundamento a la legislación analizada en el apartado anterior establecen una asociación de las ruinas, por un lado, con su ambiente, la altipampa y, por otro, con el indígena aymara. Esta misma asociación está presente en varias de las fotografías de la época. Las fotos que analizamos aquí forman parte de la obra de Posnansky, *Tihuanacu. La cuna del hombre americano*, publicada en 1945, que reúne sus investigaciones realizadas durante la primera mitad del siglo XX. Estas fotos, por tanto, tienen la función de acompañar el texto científico de Posnansky, de atestiguar el relato del observador. En tanto fotografías contienen la magia de presentarse como extractos de la realidad, de responder a la utopía positivista de capturarla y mostrarla tal cual es. Esta presunción de verdad de la fotografía ha sido demistificada tanto desde análisis teóricos (Barthes, 2009; Sontag, 1981) como desde numerosos trabajos que se han dispuesto al estudio concreto de las operaciones que se realizan en función de la construcción de determinadas identidades. Estos abordaron el estudio de diferentes casos de América Latina valorizando el rol que tiene la fotografía en la formación de sentidos e identidades sociales.[3] La utilización de la fotografía como fuente implica, entonces, analizar el proceso representacional de esta, su efecto connotativo (Barthes, 2009). Una fotografía no es meramente el resultado de la interacción entre un acontecimiento y un fotógrafo sino que es un acontecimiento en sí mismo, y un acontecimiento que se arroga derechos cada vez más perentorios para interferir, invadir o ignorar lo que esté sucediendo (Sontag, 1981: 21), por tanto es necesario develar algunos de los mecanismos puestos en práctica en el mensaje fotográfico. Siguiendo a Barthes, los procedimientos de connotación del mensaje fotográfico se pueden clasificar en: trucaje, pose,

---

[3] Entre otros véase Poole (2000) para el Perú, Castillo (2000) para Venezuela y Giordano (2004) para el caso argentino.

objetos, fotogenia, esteticismo, siendo en los tres primeros en los que la connotación se produce por una modificación de la propia realidad, es decir, del propio mensaje denotado (Barthes, 2009: 17-22).

En la imagen 1 se presenta a una mujer indígena posando de un modo que remite a los estudios de antropometría. Pero en este caso el interés no es construir o ejemplificar una tipología humana (como en el caso de las fotografías que acompañaban los estudios antropométricos) sino vincular la etnia Chipaya con los descubrimientos realizados recientemente en Tiwanaku. Para establecer dicha vinculación es indispensable el texto que acompaña la imagen: "Mujer de la casi extinguida tribu de los indios 'Chipayas', que aún usan las múltiples trenzas que se ven esculpidas sobre la espalda y sienes del Ídolo 'Pachamama'".[4] Barthes plantea que el texto constituye un mensaje parásito, destinado a comentar la imagen, es decir, a insuflar en ella uno o varios significados segundos a fin de sublimarla o racionalizarla. En este caso el texto no hace sino amplificar un conjunto de connotaciones que ya están incluidas en la fotografía; pero también a menudo el texto produce (inventa) un significado enteramente nuevo que resulta proyectado de forma retroactiva sobre la imagen, hasta el punto de parecer denotado por ella (Barthes, 2009: 23-25). Esta segunda función es la que cumple el texto de la imagen 1. Nada en ella (ni en las prácticas de la población Chipaya) contiene dicha vinculación con Tiwanaku. Es una relación construida, que ancla las ruinas en el presente y presenta al indígena contemporáneo como vestigio casi extinto.

---

[4] Se refiere al monolito desenterrado en Tiwanaku por la misión Bennett en 1932.

Imagen 1. Posnansky, A. (1945), *Tihuanacu. La cuna del hombre americano*, Nueva York, Ed. J.J. Augustin.

En la segunda fotografía la imagen y el texto que la acompaña cobran una importancia más equilibrada. La fotografía muestra un hombre indígena recostado sobre una piedra y mirando a la cámara, y el texto enuncia: "bloque de molienda [...] en uno de cuyos huecos está tendido un indígena que aparenta la manera como, según la tradición popular, aplastaban con un bloque a su lado a la víctima". La pose del hombre simulando un ritual tiwanacota en este caso es fundamental para recrear la representación del Tiwanaku indígena y del indígena perenne.

Imagen 2. Posnansky, A. (1945), *Tihuanacu. La cuna del hombre americano*, Nueva York, Ed. J.J. Augustin.

Las fotografías 3 y 4 presentan una condición distinta. El texto que las acompaña ni siquiera nombra su presencia, la del niño y la mujer. El primero dice: "vista lateral derecha de dos ídolos de 'Chachapuma' que se hallan en el Museo al Aire Libre"; y el segundo: "Muro de la época de la piedra polígona en la isla de Koaty (Isla de la luna)".[5] Aunque resulta evidente que están posando y que no es casual su presencia al lado de las ruinas, no pareciera ser la pose lo que transmite una connotación específica, sino más bien su sola yuxtaposición. En las imágenes 3 y 4 "la connotación 'salta' de la totalidad de esas unidades significantes", tal como describe Barthes para el procedimiento connotativo que se realiza a partir del uso de los objetos. Parte del carácter predatorio presente en el acto de registrar una imagen es, para Sontag, transformar a las personas en objetos que pueden ser poseídos simbólicamente (Sontag, 1981: 24). Si en las fotografías 1 y 2 la pose de las personas fotografiadas tiene una clara función dentro del mensaje que se pretende expresar, en las fotos 3 y 4 no está presente una pose particular, ni siquiera aparecen las personas mencionadas en el texto que acompaña la fotografía. No parece otra la intención que la de yuxtaponer las dos imágenes, los dos objetos.

---

[5] En este último caso, las ruinas no pertenecen a Tiwanaku, sino a las halladas en la Isla de la Luna y aparecen en la publicación de Posnansky, *Guía General Ilustrada para la investigación de los Monumentos prehistóricos de Tihuanacu e Islas del Sol y La Luna* (1912). Muestran la extensión de la lógica construida en torno a Tiwanaku a las demás ruinas presentes en territorio boliviano.

Encarnaciones de lo autóctono • 69

Figure 122a. Right side view of two idols of "Chachapuma" which are in the Open-air Museum.

Vista lateral derecha de dos ídolos de "Chachapuma" que se hallan en el Museo al Aire Libre.

Imagen 3. Posnansky, A. (1945), *Tihuanacu. La cuna del hombre americano*, Nueva York, Ed. J.J. Augustin.

Imagen 4. Posnansky, A. (1912), *Guía General Ilustrada para la investigación de los Monumentos prehistóricos de Tihuanacu e Islas del Sol y La Luna*, La Paz, Imprenta y Litografía Boliviana-Hugo Heitmann.

Esta característica no es exclusiva de las fotografías sino que forma parte de un universo representacional más amplio. El caso de las *performances* que se realizaban en las romerías, donde bailarines y músicos indígenas eran encomendados para tocar y bailar en Tiwanaku ante turistas e investigadores extranjeros, constituye un ejemplo que hacía vívida esta yuxtaposición de ruinas e indígenas. Al igual que las fotografías, no se trataba de una instantánea de las prácticas rituales de las comunidades, sino que eran especialmente delineadas y programadas. De este modo, las ruinas eran convertidas en lo que Chris Rojek (1993) denominó *"heritage sites"*, esto es, áreas donde actores y escenarios son usados para recrear el pasado suministrando signos que inmediatamente serán aceptados como realidad. La población indígena era convocada, así, a generar un efecto de realidad exhibiendo sus bailes, los cuales si bien constituían parte de sus prácticas culturales eran descontextualizados y reubicados en lo que era convertido en un escenario: Tiwanaku.

Este complejo que asocia a Tiwanaku al mundo indígena aymara contemporáneo no se desprende de una incorporación del patrimonio indígena por parte del Estado (como en la concepción de Bonfil Batalla), ya que de hecho no funcionaba como tal a comienzos del siglo XX. Esta asociación requiere de la construcción de una noción de indianidad que presupone y a la vez recrea un uso particular del tiempo. Al describir el modo en que estos usos funcionan en la circunscripción del objeto de estudio de la antropología, Fabian ha mostrado cómo a la noción moderna del tiempo (secularizado, lineal y universal) dicha disciplina suma su "espacialización" y "naturalización radical". De este modo, la Antropología construye relaciones con sus otros por medio de dispositivos temporales que implican la afirmación de la diferencia como distancia. Es justamente el tiempo naturalizado-espacializado aquello que da significado a la distribución de la humanidad en el espacio al interpretar la diferencia como distancia temporal. Estos dispositivos de distanciamiento producen un resultado global: la negación de la coetaneidad, esto es, la tendencia persistente y sistemática de colocar al referente de la antropología (el hombre "primitivo") en un tiempo diferente al presente del productor del discurso antropológico (Fabian, 1983). En los relatos nacionales allí se aloja el pasado fundador, la "tradición", lo atávico y originario (Rufer, 2012). Se circunscribe así un "tiempo más allá del tiempo" que escapa al control de quienes habitan el presente inmediato, y que, en tanto está más allá del orden social y de sus leyes, funciona como "autoridad extracultural" que confiere un principio de autoridad absoluta a los elementos tocados por su fuerza (Prats, 2004). En ese tiempo más allá del tiempo se ubican Tiwanaku y la grandeza de las "antiguas razas", y también, el indígena contemporáneo. Ser indio es, entonces, ser vestigio que resistió el paso de los siglos, anclado en el tiempo, sin otra función que la de recordar cuán profundos son los orígenes de la nación.

Tiwanaku en La Paz

La revalorización de Tiwanaku estuvo asociada, por un lado, a la exotización y atemporalización de lo indígena y, a la vez, a la reivindicación de La Paz como centro político de la nación. Expresión de este doble movimiento fue el proyecto de trasladar las ruinas a la ciudad de La Paz. Dos fueron particularmente las instancias en las que se desarrollaron intensos debates acerca de dónde debían estar las ruinas, a dónde pertenecían y quién tenía el derecho de decidir sobre su destino. Estas se desarrollaron en 1929 y en 1932. A partir del análisis de dichos debates es posible encontrar algunos matices en el proceso de apropiación de Tiwanaku, la identidad atribuida a él, y las que se conforman a partir de sus límites.

En el año 1929 Posnansky presentó un proyecto para construir una Avenida Arqueológica en La Paz. Esto requería el traslado de las principales ruinas de Tiwanaku, y tal propuesta generó opiniones dispares. Quienes se manifestaron a favor argumentaban que debían trasladarse las ruinas, por un lado, para librarlas de la acción destructora del tiempo y la naturaleza y, por otro, porque la ciudad de La Paz no "puede privarse de ostentar en uno de sus más hermosos paseos, el típico monumento megalítico de la Puerta del Sol" (*La Razón*, 17-3-29).

Guzmán, en ese momento director del Museo Nacional, opinaba que "No ha de ser ninguna avenida de la ciudad, donde se piensa colocar esos restos, la que ha de interesar al viajero y a las generaciones por venir; ha de ser Tiahuanacu mismo, con sus ídolos y sus ruinas, el que ha de hablar de su pasada grandeza" (*La Razón*, 27-2-1929). Al respecto, los Amigos de la Ciudad abrieron una encuesta sobre la mejor forma de conservarlas, cuyos resultados avalaban el punto de vista de Guzmán (*La Razón*, 2-3-1929). En sus conclusiones, planteaban que al "aceptarse el proyecto del Ingeniero Arturo Posnansky se arrancarían esos monumentos de su ambiente original" (*La Razón*, 15-3-1929). En ese sentido también se manifestó la Junta de Vecinos de Tiahuanacu (*La Razón*, 17-3-1929).

La importancia asignada al ambiente, presente sobre todo en las posturas de Guzmán y Amigos de la Ciudad, cobra un sentido particular en otras publicaciones periódicas:

> ¿Y dónde podría darse a los restos de Tiahuanacu un escenario más acorde a la suntuosidad de sus ruinas, que la soledad hierática de la meseta andina? [...] La misma forma de los picos y nevados circundantes pueden representar claramente y patentizar las ideologías de las piedras yacentes, que son síntesis de su complicado espíritu. He aquí lo que debe preocupar a los amantes de Tiahuanacu: su espíritu [...]. Resguardar Tiahuanacu significa velar por la tradición de Bolivia, y debe sin tardanza sujetarse los hilos de su alma que se va y de su mitología, infiltrada, pese a la incuria y ligereza del ambiente en todas las manifestaciones de nuestra moderna cultura (*La Razón*, 15-3-29).

Si a primera vista el debate parece girar en torno a la mejor forma de conservar las ruinas, en este último discurso la argumentación se vuelca a la postulación de una esencia (ya sea espíritu, ya sea alma) que es resguardada en y por el paisaje andino.

Finalmente no se realiza el traslado y se ponen en práctica medidas para el resguardo de las ruinas en su sitio original. No obstante, tres años después los debates se reanudan cuando la misión Bennett, habiendo sido finalmente autorizada para hacer sus excavaciones, encuentra el monolito más grande hallado hasta ese entonces en Tiwanaku.

Los argumentos que nuevamente se expresan en favor de dejar las ruinas en el sitio reiteran las posturas presentes en los debates de 1929, pero cobra aún más importancia la figura del indio como legítimo propietario de ellas: "si estamos forjando sólo ahora la nacionalidad con el concurso inapreciable de ese indio, no tenemos derecho alguno para despojarle de las figuras de sus antepasados surgidos en el ambiente grandioso de la altipampa, para pretender recrearnos con ellos en las ciudades" (*El Diario*, 24-4-1933). Se argumentaba que "el voto de los indígenas", expresado en un acta firmada por los comunarios de Guaray y Chambi, de la zona jurisdiccional de Tiwanaku, tenía tanta significación como los votos emitidos por los Amigos de la Ciudad, el Rotary Club y la Sociedad Geográfica (*El Diario*, 6-5-1933).

En las opiniones a favor del traslado también aparecen nuevos elementos. Franz Tamayo se manifestaba por el traslado para

> [...] proteger los monumentos contra el humilde pero intransigente fanatismo de los indios ambientes. Se sabe que estos para satisfacer su espíritu religioso y tradicional, no han hallado mejor expediente que obtener fragmentos de las piedras milenarias que ellos consideran sagradas (y probablemente lo son) [...]. Está comprobado que la Puerta del Sol va descantillándose por todo lado bajo la acción fanática de los indios, y en el correr de los años, la gran piedra se habrá dispersado en retazos y en polvo, vuelta al seno y a las manos de la raza milenaria y al impulso de un sentimiento estúpido y sublime a la vez. Si la Puerta del Sol hubiese sido oportunamente trasladada a nuestra ciudad civilizada se habría escapado de ser derribada (*El Diario*, 23-4-1933).

El traslado encontraría justificación, para Tamayo, en la necesidad de proteger las ruinas no sólo de las inclemencias del tiempo sino de la acción de una población indígena que, por un lado, es presentada como heredera de dichas ruinas, pero a la vez como incapaz de comprender el valor que en ellas subyace. "Incrustar" a Tiwanaku en la civilización (simbolizada por la ciudad de La Paz) aparece, así, como único medio para preservarlo. Esta idea es reproducida también por Posnansky, quien acusa a sus oponentes de cometer un "crimen de lesa civilización" y a los cuales, en tanto "apóstol del culto Tiahuanacota", se atribuye la potestad de "excomulgar" (*El Diario*, 3-5-1933 y 26-5-1933). Por último, el ministro de Instrucción, encargado de proteger las ruinas desde el decreto de 1909, consideraba que "el simple proyecto de trasladar el gran monolito ha dado buenos resultados para la cultura nacional tan deficiente", y proponía emplazarlo en el óvalo de la Avenida Arce, reemplazando al monumento de Isabel la Católica (*El Diario*, 27-4-1933 y 6-6-1933).

En julio de 1933 se realizó el traslado del monolito Bennett a La Paz. El ministro Rodas Eguino emplazó provisoriamente el monumento en un lugar "apropiado para su erección en la fiesta nacional de agosto venidero" siendo una "contribución del gobierno nacional al progreso de La Paz" (*El Diario*, 19-7-1933). Pero la discrepancia no terminó allí. El Consejo Municipal se resistió en un comienzo a autorizar su emplazamiento. Además de la falta de un permiso requerido, el Municipio argumentaba en un artículo titulado "Continúan los trabajos de instalación del ídolo" que era "una torpeza inaudita la de emplazar en aquel sitio un monumento aborigen que no está en armonía con los otros allí situados ni con la arquitectura del lugar". Y planteaba que era "preciso dar una sanción en resguardo de los fueros de la comuna. De otro modo se afirmará un precedente, según el cual el gobierno central se creerá con suficientes títulos para llevar a cabo obras totalmente incómodas, antiestéticas y reñidas con los preceptos del urbanismo" (*El Diario*, 25-7-1933).

Una vez trasladado el monolito ya no es posible argumentar sobre la dificultad y el enorme costo del traslado y aparece la oposición a la colocación del monolito por motivos de estética de la ciudad. El simple rechazo a su emplazamiento por el contraste entre un monumento indígena (designado también con la categoría colonial de "ídolo") y la modernidad urbana es expresión de la tensión existente entre el indigenismo folklorizante y el anhelo de modernización, que por definición no puede estar asociado al primero. Si durante las primeras etapas el debate oscila entre una postura que a partir de la asociación de las ruinas con su ambiente y de su carácter de propiedad indígena se manifestaba por mantenerlas en su sitio y otra que presentándolas como propiedad de la nación habilitaba su traslado, en el rechazo posterior del Consejo Municipal aparece expresada con más claridad la necesidad de anclar en las ruinas de Tiwanaku los orígenes de la nación, pero estableciendo una distancia no sólo temporal sino también espacial respecto de ellas.

Conclusiones

Las ruinas de Tiwanaku brindaron a la elite boliviana de comienzos de siglo XX el material para la invención de un patrimonio nacional. Ofrecían una identidad como nación indoamericana en un contexto regional que hacía válida dicha presentación, al mismo tiempo que a nivel local fijaban el origen mítico de la nación en La Paz y de este modo habilitaban la proyección de la identidad paceña como nacional. Por otra parte, su ligazón con el indígena aymara contribuyó a configurar una específica noción de indianidad a partir de la cual se lo incluyó dentro de la representación de la nación boliviana. Para esta configuración fue esencial un uso particular del tiempo que permitió ubicar a Tiwanaku, y al indio ligado a él, en un "tiempo más allá del tiempo" como antecedente necesario de la modernidad, pero distinto de ella. Esta configuración permitía simultáneamente integrar y situar en un lugar específico al indio dentro de la nación. El proceso de patrimonialización de Tiwanaku implicaba hacer de la población indígena parte del "nosotros" que define a la comunidad nacional boliviana, no a partir de la inclusión y reconocimiento por parte del Estado de un patrimonio cultural indígena, sino a través de un proceso que presentaba a las ruinas como tal, y desde esa concepción se integraba a ambos a la nación. La noción de indianidad que de este modo se forjaba dotaba al indígena contemporáneo de una condición de inmutabilidad que lo presentaba como resabio del pasado, lo cual, por una parte, habilitaba una ligazón del presente con los orígenes de la bolivianidad y, por otra, establecía una distancia entre la modernidad urbana, identificada con la elite, y la altipampa que resguardaba a las ruinas que, como el indio, constituían las profundas raíces de la bolivianidad.

Si esta integración exotizada de lo "popular" es común a las construcciones del folklore nacional en general (De Certeau, 2009), en Bolivia, así como en el resto de América Latina, existe un sustrato derivado de la situación colonial que hace al sujeto indígena inasimilable del todo, y que la ambivalencia de las corrientes indigenistas de comienzos del siglo XX busca soslayar al definir una homogeneidad nacional que sólo en la superficie es posible admitir. Sustrato que aparece en la designación del monolito como "ídolo", al cual, aun cuando la elite quiere convertir en monumento, no deja de ver como un implante arcaico en la modernidad a la que aspira.

Este proceso no clausura otras patrimonializaciones de Tiwanaku que, de hecho, a lo largo de la historia de Bolivia se llevaron a cabo por diversos sujetos y han sido articuladas con otros proyectos de nación. Instala, de todos modos, ciertas representaciones de la indianidad que, aun refuncionalizadas en otros proyectos que se distancian del liberal-republicano de comienzos del siglo XX, han establecido el sedimento sobre el cual estos se levantan.

2

Composición, clasificación y estilización

Hacia la invención de la música folklórica boliviana

> *Hay que emplear las estilizaciones de nuestra música a base de corales, de canciones, que son las que se apoderan más fácilmente del corazón de los hombres.* (El Diario, 31-7-1933)

En muchas reflexiones generales acerca de la música aparece la idea de que esta constituye un lenguaje universal. Sin embargo, así como otros universalismos han sido desmitificados, lo mismo puede plantearse en relación a este ámbito. Distintas coyunturas históricas y espacios geográficos desarrollaron modos particulares de producir e interpretar motivos musicales y se han servido de diferentes técnicas y reglas. Asimismo, los modos de clasificación de la música están atravesados por configuraciones históricas. Un ejemplo de ello son las nociones de arte configuradas en el siglo XIX que han establecido ciertas variables tales como abstracción, escritura, originalidad, individualismo y autonomía como requisitos para definir determinadas prácticas como tal. De ahí en más, todas las expresiones que escapen a dichas variables serán reducidas al carácter de "étnico" o "folklórico" frente a lo "artístico" o "académico", dentro de un régimen al que subyace la idea de superioridad de unas sobre otras (López, 2009). Por otra parte, más allá de los distintos modos de producción de la música, esta asume, quizás en mayor medida que en otras prácticas artísticas, una indeterminación en las formas en que es recepcionada. Según Auza León, dicha característica se desprende de su carácter eminentemente simbólico, de lo cual deriva, a su vez, su capacidad de conmover. La música es, así, "una representación simbólica, inmediata e intraducible para nuestro entendimiento y nuestra reacción. Su fuerza radica en su facultad única de llegar directamente al espíritu y al corazón por medio de una articulación simbólica, renunciando a la descripción y exégesis" (Auza León, 1989: 19). De este modo, "lo que se escucha por doquier, no es la llegada de un significado, objeto de reconocimiento o desciframiento, sino la propia dispersión, el espejo de los significantes, sin cesar impulsados a seguir tras una escucha que sin cesar produce significantes nuevos, sin retener jamás el sentido" (Barthes, 2009: 292-293).Teniendo en cuenta este espacio de indeterminación, que habilita una dispersión de significados posibles, en este capítulo se abordan los intentos por fijar determinados significados y connotaciones de los motivos musicales indígenas en pos de la construcción de un folklore nacional.

Este proceso ancla en el surgimiento de un nacionalismo cultural en América Latina a fines del siglo XIX y principios del XX que se expresó, también, como nacionalismo musical. En la búsqueda de una "modernidad autóctona" (Garramuño, 2007), se desplegaron así distintos procesos de transformación y apropiación a partir, por un lado, de la incorporación de elementos "tradicionales" por parte de la música erudita, y por otro, por el surgimiento de estilos nacionales de música popular tales como tango en Argentina, samba y maxixe en Brasil, danza en Puerto Rico, ranchera en México, son y rumba en Cuba y así sucesivamente (Wade, 2002: 9 y 10). Observar este doble proceso permite alejarse de los enfoques instrumentalistas centrados exclusivamente en las estrategias conscientes de poder de las élites nacionalistas y tener en cuenta que si bien la hegemonía es perpetuada en un sentido general por sus intereses, otros actores trabajan dentro de su contexto, forjando y reproduciendo sentidos que escapan a las estrategias de las elites, aun cuando pueden confluir con ellas en la conformación de una idea de "música auténticamente nacional". Asimismo, las nociones de autenticidad y folklore, sobre las que se erige la música nacional, constituyen terrenos de disputa en los cuales se dirimen las construcciones de las identidades sociales (Mendoza, 1998; Wade, 2002). Mientras que el contenido ideológico de la idea de autenticidad hunde sus raíces en una "crítica romántica" de la modernidad y en la construcción e "idealización nacionalista de la tradición" (Wade, 2002: 33), el folklore contiene una carga política que reside en el hecho de que "las culturas pensadas como folklóricas" al mismo tiempo que son vistas como el reservorio donde la "autenticidad" esta salvaguardada, pertenecen a una mayoría subordinada que, a través de la lucha política, cuestiona la legitimidad de las estructuras de poder. Frente a esto, el concepto de folklore ofrece la posibilidad de reinterpretar y frenar la amenaza potencial planteada por esos elementos culturales negando su identidad y propósitos específicos (Mendoza, 1998: 167-170). Como ha mostrado Mendoza, en Perú esta operación dio lugar a la construcción de una "auténtica identidad indígena" anónima y basada en el glorioso pasado incaico. De este modo, la autora exhibe cómo las *performances* de música folklórica contribuyeron a redefinir las distinciones étnico-raciales en dicho país (ibíd.: 165 y 170). Por su parte, a partir del caso de Colombia, Wade analiza el modo en que la música del Caribe colombiano pudo resignificarse como música nacional diluyendo (pero no eliminando) estilísticamente la negritud y de este modo recreándola (Wade, 2002: 13-15). Ambos estudios permiten, así, repensar el vínculo entre música e identidades sociales y percibir la música no tanto como mero reflejo sino como un elemento constitutivo de aquellas (ibíd.: 34).

En Bolivia, durante el siglo XIX la predominante visión positivista que excluía al indio de la comunidad nacional se tradujo en una descalificación de la música indígena como tal. En el año 1859, el periódico *El Telégrafo* denunciaba el hecho de que "anden esos borrachos por las calles, esos tambores de los indios por todas partes que nos tienen atolondrados con tanto tun, tun, tun, tan, tan, tan, monótono y desacompasado" (*El Telégrafo*, 15-1-1859, citado en Rossells, 1996: 56). La fuerza de una corriente modernista y europeísta arrastraba a intelectuales y poetas a fijar la inspiración principalmente en los modelos occidentales. Sus preferencias se dirigían hacia la ópera romántica italiana y la zarzuela española (Rossells, 1996: 64 y 77). Como plantea Soux, "la intelectualidad blanca 'sufría' lo indio, sentimiento que es claro en la vergüenza que padecía ante la supuesta burla del extranjero". El paternalismo de algunas posiciones, ligado siempre al deseo de culturizar, civilizar y progresar, constituía también un ejemplo de este pensamiento. De este modo, durante el siglo XIX la música popular no fue utilizada por la élite en la búsqueda de un nacionalismo musical (Soux, 1997: 236-237). Sin embargo, fue imposible desechar los elementos culturales indígenas y mestizos de la vida cotidiana, de manera que la música mestiza y aun la indígena entraron a los salones urbanos (Rossells, 1996: 77 y 78).

Durante el siglo XX, como hemos visto en el capítulo anterior, se experimenta un profundo cambio en cuanto a la concepción de lo indígena y de su rol dentro de la nación. Particularmente en el ámbito de la música, varios compositores que, según Auza León pueden ser considerados como precursores de la primera etapa indigenista, se embarcan en la explotación de "motivos autóctonos" junto con temas y aplicaciones de nuevas tendencias en función de una orquestación nacional cada vez más perfeccionada. Sin embargo, según el autor, aplicar una etiqueta común para todos resulta imposible. Mientras unos conservan reminiscencias del romanticismo, otros recurren a los cantos y temas vernáculos o simplemente hacen música regional, pintoresca y costumbrista; ocupando una buena porción, lo popular y escolar. Dentro de este grupo de músicos y compositores se destacan Eduardo Caba, Simeón Roncal, Teófilo Vargas, Humberto Viscarra Monje, Antonio González Bravo y José María Velasco Maidana (Auza León, 1985: 96 y 97). En este período comienzan a desplegarse, asimismo, diferentes políticas culturales tendientes a la cristalización de un folklore nacional. Ambas producciones ofrecen distintos modos de integración del indio dentro de la nación boliviana, expresada, en este caso, en el proceso de conversión de aquel ruido "monótono y desacompasado" en música.

El propósito de este capítulo es, entonces, analizar de qué manera estas prácticas culturales contribuyeron a delinear las identidades sociales en Bolivia a comienzos del siglo XX. Analizaremos los modos en que los intentos por fijar y definir un folklore musical implicaron una redefinición de la indianidad asociada a él. Este proceso está atravesado por diferentes intenciones, procesos de clasificación y de creación artística que no necesariamente confluyen en un sentido unívoco. Aspiramos, entonces, a reconstruir la multiplicidad de sentidos desplegados, con sus tensiones y heterogeneidades, pero también con sus tendencias hegemónicas.

Los compositores en la conformación del folklore musical boliviano

En este apartado estudiaremos desde ángulos distintos a tres compositores que forman parte del grupo catalogado por Auza León como precursores del indigenismo: Antonio González Bravo, Eduardo Caba y Teófilo Vargas. Del primero estudiaremos su labor de análisis, definición y delimitación de los elementos constitutivos de la música indígena y folklórica a partir de sus escritos teóricos. Luego, abordaremos la composición musical de Eduardo Caba *Aires indios* observando el modo en que conjuga diferentes motivos y elementos musicales. Finalmente, en el caso de Teófilo Vargas, analizaremos el criterio de clasificación que utiliza a la hora de definir sus *Aires Nacionales de Bolivia*. De este modo, exhibiremos las estrategias que despliega cada autor para integrar lo indígena en el ámbito de la música, y sus respectivas definiciones y concepciones de folklore nacional.

Antonio González Bravo y la preservación de lo "auténtico"

Antonio González Bravo nació en La Paz en el año 1885. Es considerado el iniciador de la etnomusicología en Bolivia por las importantes investigaciones de campo que realizó en casi todas las provincias y cantones de La Paz. Cursó sus estudios musicales en el Conservatorio Nacional de Música, donde posteriormente se desempeñó como director (Auza León, 1989: 47). Su vuelco al conocimiento de la música indígena se produjo, de todos modos, en un período previo al de su formación académica. Bravo era oriundo de Laja, donde la mayoría de sus habitantes eran bilingües. La biografía escrita por Paredes Candia relata que "era un aymarólogo y sabio conocedor de la Cultura Kolla; sus primeros balbuceos fueron en tal lengua y de niño y adolescente fue su idioma preferido. Empezó a amar el aymara en el regazo de su nodriza india" (Paredes Candia, 1967: 54-55). En 1933 fue profesor del núcleo indígena Warisata.

González Bravo propuso a su obra como parte del "inventario de los valores estéticos" de Bolivia que comenzaba a hacerse desde comienzos del siglo XX, para "vivificarlos con objeto de que la vida nacional pueda alcanzar su más alta culminación" (González Bravo, 1925). Desde este punto de partida emprendió la recopilación de los motivos musicales indígenas, primero paceños y luego de otros departamentos. ¿Cómo definir lo netamente indígena, en un contexto en el que inventariar implica necesariamente un proceso de selección y clasificación? González Bravo reconstruye su criterio a partir de la visita que en

1915 realiza el musicólogo peruano Daniel Alomía Robles, durante la cual dicta una conferencia en la que expone al modo pentatónico como propio de los incas. La visita de Robles a Bolivia se enmarcaba en una gira que el compositor estaba realizando por Arequipa, Puno, Cusco y La Paz con el objetivo, por un lado, de ampliar su conocimiento de las expresiones musicales indígenas y, por otro, de difundir sus investigaciones. De este modo, al mismo tiempo que consolidaba su noción de música incaica, disputaba los sentidos de la música nacional peruana, proponiéndola como parte de ella.[1]

La conferencia de Robles tuvo gran resonancia en González Bravo, quien expresó que ella constituía "una gran revelación sobre la música indígena primitiva sudamericana, que hasta entonces, casi sólo se la había conocido a través de ambiguos ejemplos de música mestiza y criolla ya cargada de cromatismos" (ibíd.). El modo pentatónico se convertía, así, en el elemento que permitía definir y delimitar la música propiamente indígena, y por tanto, ancestral y originaria de Bolivia. En este sentido, argumentaba que

> [...] como recién casi estamos en los comienzos del estudio serio y detenido de nuestra arqueología musical, los datos anotados podrán servir para ulteriores investigaciones del Modo Pentatónico, que podríamos llamarlo nuestro *Modo Abuelo* (Modo ancestral), por su antigüedad y que constituye

---

[1] Alomía Robles no fue el único durante este período en proponer al pentatonismo como distintivo de la música incaica. Fueron importantes en este sentido los trabajos de Leandro Alviña y José Castro. Una obra que también contribuyó a la definición de la música incaica es *La Música de los Incas y sus supervivencias*, escrita por los franceses Raoul y Marguerite D´Harcourt y editada en París en 1925. Si bien estos autores retoman algunos elementos de las obras de Alviña, Castro y Robles, es notable que por su condición de extranjeros su interés no se desprende de una búsqueda de elementos nacionales, sino de una preocupación etnográfica por observar "la supervivencia efectiva de un folklore musical indígena" (D´Harcourt, 1990). Esta preocupación anclaba en el interés antropológico e histórico de las academias europeas y norteamericanas que hemos analizado en el capítulo 1, interesados por el origen y desenvolvimiento del hombre americano.

el elemento de lo que se ha venido en llamar el período prehelénico de la Música, y que para nosotros será una de las principales fuentes del futuro florecimiento artístico nacional (ibíd.).[2]

Bravo se embarca, entonces, en la búsqueda de este modo en los diferentes géneros e instrumentos musicales indígenas de Bolivia. Lo encuentra en los Pussipias, en las músicas de Chuncho, Llamero y Cullawa, en los Sicuris de Italaque. Específicamente postula que "las provincias de Ingavi, Pacajes, Sicasica y Carangas [...] por su aislamiento cerca de lugares desiertos han podido conservar entre los indios gran parte de sus costumbres y modalidades espirituales peculiares, bastante intactas, que estudiadas con detención podrán enriquecer nuestros conocimientos folklóricos" (ibíd.). Ahora bien, aun cuando el modo pentatónico constituye, para el autor, la esencia de la música indígena, ello no niega que en el ámbito mestizo y blanco circulen melodías pentatónicas (muchas de ellas acompañadas de letras en castellano). De todos modos, establece una importante diferenciación respecto de ellas, especialmente de la mestiza. Discutiendo el estereotipo estético decimonónico que caracterizaba a la música indígena como "esencialmente plañidera" y "sustancialmente llorona", "resultando por consiguiente antipática y hasta repulsiva", plantea que si bien "es cierto que dentro de la modalidad pentatónica está presente un soplo melancólico, no es una melancolía que deprime, empequeñece, envilece y afea la vida con el

---

[2] El modo pentatónico se basa en la consecución de una escala de cinco notas y se diferencia de la escala occidental de siete notas. Si bien actualmente el pentatonismo, en tanto componente esencial de la música incaica, es establecido por la etnomusicología como el sistema musical predominante en la zona andina, en el período de estudio aún se estaba estableciendo como tal para Bolivia. Por ejemplo, en el *Álbum del Centenario de Bolivia*, publicado en 1925, se postula al modo eólico como dominante. La publicación de Bravo argumentando la importancia de la escala pentatónica para definir la música precolombina cobra así gran importancia. El mismo planteo aparecerá también en la obra de Teófilo Vargas en 1928.

oprobio de una domesticación y derrota definitivas, sino, por el contrario, una melancolía viril, épica y grandiosa, que estimula, exalta y ensancha la vida, orientándola hacia rutas heroicas" (González Bravo, 1928). Para González Bravo la caracterización peyorativa que se ha hecho de la música indígena deriva de haber sido confundida con la música mestiza. "Es evidente que en el alma mestiza hay una tendencia marcada a deshacerse en mares de llanto, por cualquier achaque sentimental. Por eso tenemos, por ejemplo, algunos valses, boleros, yaravíes, huayños y cánticos religiosos (Copacabana), absolutamente inaceptables, por lo excesivamente quejumbrosos, plañideros y por el mal gusto que prima en ellos." Este aspecto se relaciona con la utilización de la llamada "nota sensible" en la música mestiza, la cual no existe en la escala pentatónica utilizada en la música indígena (ibíd.).

Esto no impide al autor incluir en su inventario algunos motivos de la música mestiza tales como Tristecitos, Cuecas, Bailecitos que, seleccionados, tienen derecho a figurar dentro del folklore boliviano. Pero es necesario distinguirlos de

> [...] las múltiples tropas de Sicuris (Sicuris mestizos o criollos, como se dice en aymara), que soplan en Sicus de trece tubos [...], y que vistiendo trajes grotescos, se van propagando de una manera alarmante hasta entre los mismos indios y pululan hasta en los suburbios de las ciudades y según el estado a que van llegando, diremos que constituyen una deplorable degeneración del arte popular boliviano. Quieren ser indígenas ejecutando Huayños, y también cosmopolitas, intentando ejecutar Tangos y Fox-trots (González Bravo, 1925).

González Bravo define y delimita, entonces, a la música indígena a partir del modo pentatónico. Esta operación implica su cristalización en un intento artificial de fijarla en el tiempo, negando su carácter histórico. Esto se traduce en la exclusión del mestizaje como proceso constitutivo de aquella, así como en la anulación de la heterogeneidad étnica y regional que pudiera presentar. Así, Bravo forja una noción de lo auténticamente indígena sobre la cual define al folklore boliviano, en tanto elemento que ha permanecido intacto a lo largo de los siglos.

Ahora bien, la fertilidad de la música indígena para constituirse en valor estético desde el cual forjar una lírica nacional no se halla sólo en su presencia inalterada en las comunidades indígenas, sino también en su posibilidad de armonización. En este sentido, Bravo plantea que

> [...] respecto al provecho artístico que el Modo puede reportarnos, el acierto con que algunas melodías, por ejemplo el ya mencionado Yaraví de Ollantay, han sido harmonizadas por M. Beclard; así como la exquisita harmonización de la canción quechua Suray Surita hecha por nuestro compatriota Manuel J. Benavente, para no citar muchos ejemplos de harmonizaciones puramente pentatónicas, harto bien nos hablan a favor del modo, que según nuestros estudios permite realizar excelentes combinaciones de harmonía horizontal (es decir formando un tejido de líneas melódicas expresivas) (ibíd.).

La armonización funcionaría, así, como un modo de estilización capaz de ampliar las posibilidades de construir un arte nacional a partir del sistema pentatónico indígena.[3] Este proceso de estilización fue llevado a cabo por González Bravo cuando, desde el Conservatorio Nacional de Música, conformó el Círculo Artístico Infantil en 1921. En él retomaba, por un lado, "las canciones de los grandes maestros: Mozart, Schubert, Schumann, Brahms, [en las que] había elementos aprovechables para el mundo infantil", y por otro, la música indígena que ofrecía "cosas para ser transformadas en canciones y danzas". El ámbito educativo

---

[3] La armonización presupone la polifonía (es decir, la ejecución de distintas notas musicales en forma simultánea) que es propia de la cultura occidental. En este sentido es que planteamos que constituye un proceso de estilización que exige a la música indígena pasar por el tamiz de los valores artísticos occidentales para ser considerada como tal.

tenía, para Bravo, mucha importancia en este proceso de transformación y estilización. Asimismo, le asignaba un gran valor como transmisor de los elementos culturales de la nación. Sólo "una persistente educación estética de los bolivianos" podría "acabar con esa sordera y ceguera, para ver lo que tenemos, y oír lo que va vibrando desde siglos en el alma nacional". Elementos que necesitaban "que la mano del poeta, del músico, del esteta, los transformen en obras de arte" para constituirse en lo que en definitiva era el anhelo de González Bravo: "una Lírica y una Épica, con todos los elementos de Bolivia" (González Bravo, 1961).

El proceso de estilización en la obra de Eduardo Caba

Si la operación de estilizar motivos musicales indígenas está presente en el discurso y las prácticas educativas de Bravo, esta se encuentra plenamente desplegada en el caso de Caba. Pero aquí ya no aparece como un proyecto sino que, como veremos, es constitutiva de sus composiciones.

Caba nació en Potosí en el año 1890. Realizó estudios de armonía y contrapunto con Boero en Buenos Aires y luego fue becado a España donde estudió con los maestros Turina y Pérez Casas (Auza León, 1985: 127). Luego en La Paz se desempeñó como director del Conservatorio Nacional de Música. Al igual que Bravo, la inserción en el mundo musical indígena es muy temprana en la vida de Caba. En una entrevista relata: "Desde mis primeros años he ido observando con minuciosa curiosidad las características de la música indígena en las distintas regiones del país, y no sé por qué causas ocultas ha sido siempre esta música la que ha llenado mi alma de secretos arrobamientos y de sutiles emociones" (Zaratem, 1951, citado en Alandia Navajas y Parrado, 2003: 6). Tomó al piano como vehículo expresivo para componer, y su obra logró diferenciarse tanto de los músicos académicos que no lograban plasmar un lenguaje personal e imitaban sencillamente modelos europeos, como del estrato de la música popular, presente desde mucho antes. Las obras principales de Caba son *Aires indios*, *Leyenda keshua*, una versión del *Himno al Sol* y los *Ocho motivos folklóricos*. Existen también seis canciones para canto y piano (Alandia Navajas y Parrado, 2003: 5).

Focalizaremos nuestro análisis en la obra *Aires indios*, escrita, según Alandia Navajas y Parrado, en 1934. La segunda edición de esta obra presenta en la tapa el dibujo de un indígena que lleva como diacríticos un poncho y un *lluch'u* (gorro de lana con orejeras). En una mano tiene un charango y en otra un sombrero, y está parado sobre un pequeño dibujo de un terreno que evoca la altiplanicie. A continuación presenta un epígrafe que dice: "En la solemnidad de la altipampa andina vaga el espíritu de una gran raza milenaria; al evocarla, siente el peregrino lo estupendo del paisaje". La obra se abre, de este modo, con la cadena de significados ya mencionada en el capítulo anterior que liga, hasta fusionar, la raza india y la altipampa, cuya fusión la música viene en este caso a expresar.

Imagen 5. Caba, E. (1946), *Aires indios (1, 2 y 3)*, Buenos Aires, Casa Lotternoser.

A partir del análisis que de la obra han hecho Auza León y Alandia Navajas y Parrado, es posible ver también una operación de este tipo en las mismas piezas musicales.

Los *Aires indios* presentan elementos técnicos y conceptuales de Debussy y Bartok, pero estos no dominan la imagen sonora sino que Caba reinventa un lenguaje a partir de los materiales indígenas previamente desmenuzados en sus investigaciones (Alandia Navajas y Parrado, 2003: 6). Estos se expresan, por un lado, en la polirritmia, característica de los andes bolivianos y, por otro, en la ambigüedad tonal, por la mezcla de modos extraídos del pentatonismo incásico (Auza León, 1989: 44). Quizás estos aspectos han sido los que llevaron a un compositor contemporáneo a Caba, Viscarra Monje, a definirlo como un "músico boliviano estilizador propiamente dicho". Para Viscarra Monje, el tratamiento armónico que Caba hacía de las danzas y canciones "tomadas directamente del caudal popular e indígena" presentaba una "moderada modernidad" que mantenía todo lo posible "los modos originales". De este modo, Viscarra Monje definía los componentes básicos del proceso de estilización: una concepción reificada de una música indígena susceptible de la armonización propia de la modernidad que, de todos modos, no opaca la singularidad y especificidad local. La obra de Caba se volvía, así, un "arte refinado" que "ha emprendido el vuelo transponiendo las fronteras patrias y llevando en sus sones tanto al paisaje como el alma vernácula en canciones impregnadas de la honda melancolía de las grises llanuras altiplánicas" (Viscarra Monje, 1954: 6). La "música boliviana" emergía, entonces, como expresión del "alma vernácula", cuyo vector era la armonía y la instrumentación occidental. Sin buscar definir el folklore nacional, la composición de Caba constituye, de todos modos, una contribución a la conformación de una estética que presenta como singularidad del arte musical boliviano lo indígena, delineado como un elemento inalterado que yace y se constituye bajo la influencia del altiplano y es pasible de ser reelaborado a través de elementos estilísticos propios de la modernidad.

Teófilo Vargas: el folklore como síntesis

Habiendo analizado el proceso de estilización de los motivos indígenas y su inserción en el folklore nacional, el análisis de los *Aires nacionales de Bolivia* de Teófilo Vargas nos permitirá volver a la inquietud inicial postulada en González Bravo, la de inventariar y clasificar. La selección puesta en esta obra, así como el prólogo que la precede, permiten ver cristalizados, en algunos casos, y cuestionados, en otros, aquellos criterios clasificatorios desarrollados anteriormente que permitían circunscribir y definir al folklore.

Teófilo Vargas nació en Cochabamba en 1886. Entre sus obras se encuentran varias misas festivas y réquiems, invitatorias y villancicos (estos últimos convertidos en melodrama con el nombre de *Nacimiento de Jesús*), oberturas y preludios. Vargas es también conocido por su melodrama *Aroma* (Auza León, 1985: 131). Muchas de sus obras son del acervo de Cochabamba. Asimismo, fue director del Conservatorio de dicha ciudad.

Los *Aires nacionales de Bolivia* fueron publicados en 1928. Constan de tres tomos que reúnen una gran cantidad de obras, precedidas por un extenso prólogo. Vargas emprende su recopilación de aires nacionales presentándola como una obra inaugural. En este sentido, plantea que "en nuestro país no existe, al menos que conozcamos, ninguna recopilación histórica, circunscrita y especial de la variedad de aires nacionales que poseemos", tarea necesaria para que "la nueva generación de jóvenes cultores del arte [...] mantengan con cariño filial la memoria de sus antepasados y el respeto de sus tradiciones" (Vargas, 1928: 3). Lo hace siguiendo el ejemplo de las naciones europeas, "cuyas fuentes de inspiraciones fueron siempre los temas de sus músicas nacionales" (ibíd.). Y es que, en efecto, la recopilación de aires nacionales implicó la "vuelta al pueblo", para sacar de allí el "espíritu de la nación". Este movimiento se dio a principios de siglo en toda Latinoamérica, de la mano de la búsqueda de establecer principios de identidad nacional, vestidos de tonalidad, cromatismo, politonalismo y aun de atonalismo. Respondió a la preocupación por crear un arte con sello propio, que encontrara sus raíces en la música prehispánica, en la canción popular, en el folklore, o en las reminiscencias y reinvenciones de estos (Tello, 2004). Pero todos estos ámbitos también eran algo a ser definido. ¿Cuál sería entonces la cantera de la cual extraer los aires nacionales? Cada nación de América Latina se embarcó a resolver este interrogante de un modo particular según sus estructuraciones sociales y culturales específicas. El extenso prólogo que precede la compilación puede contribuir a dilucidar la respuesta que para ello elaboró Vargas. En él, reconstruye el origen de la música "incaica" y "criolla". Su análisis de la música incaica está signado por la marca temprana que ejerce en el compositor la música indígena. Vargas relata que a la edad de seis años en su pueblo de Quillacollo "frecuentemente tropezaba, en mi camino a la escuela, con un cortejo fúnebre indígena, procedente de las estancias lejanas" y observaba cómo "los dolientes conducían el cadáver al son de lamentos entonados, de cargos y quejas dirigidos al ser que los abandonaba. Esa entonación quejumbrosa, monótonamente repetida, recuerdo que contenía las siguientes notas musicales:

(Vargas, 1928: 4).

En estos sonidos Vargas cree encontrar el tema matriz, las primeras huellas, los primeros eslabones de la música incaica. Su origen sería el llanto, el sollozo del alma doliente del indígena. A partir de esa matriz forja, junto con González Bravo, la idea del pentatonismo como motivo característico de la música indígena, pero derivado no de un motivo musical universal, sino del lamento indígena, que es expresión de "la tristeza ancestral de su raza". Si bien reproduce, de este modo, el estereotipo que González Bravo intentaba disputar, ambos comparten la idea de que la esencia de la música incaica ha permanecido intacta en el indígena contemporáneo, y que, por encontrarse en "peligro de desaparición", requiere ser registrada por los especialistas (ibíd.: 8).

Por su parte, la música criolla es, para Vargas, resultado de la "amalgama de cinco notas de la primitiva escala incaica y las siete notas que forman la escala perfecta del sistema científico musical que los conquistadores españoles harían conocer a los criollos, junto con sus costumbres sociales, idioma y religión" (ibíd.: 11). Mientras que la música incaica no entraña ningún otro sonido fuera de la escala pentatónica, la música criolla, sin perder su carácter y estilo originarios, ha incluido en sus melodías los sonidos equidistantes de los medios tonos o cromáticos (ibíd.: 13). Esta melodía concentra en su desarrollo los recursos tanto de los semitonos de la escala perfecta como de los intervalos alterados de tercera, sexta y séptima notas que sintetiza el estilo de la música criolla. Este género constituye, así, una síntesis entre el "carácter y estilo originario" y la música occidental, que resulta producto del devenir histórico. Es esta síntesis la que alberga, para Vargas, los aires nacionales de Bolivia (ibíd.: 14).

Una vez definida, entonces, la cantera de donde sacar los aires nacionales, Vargas procede "a la manera del botánico que coge las flores de la selva y del campo, eligiendo de entre ellas las de aroma exquisito y colorido seductor, para formar un ramo precioso". Los motivos seleccionados fueron los siguientes: el primer libro contenía el prólogo, veintidós cuecas y veintitrés bailes. El segundo, veintiséis yaravíes para canto y doce zapateados y pasacalles. Formaban el tercer libro "las obras de mayor aliento de desarrollo musical sobre temas de aires nacionales, como son 'Oberturas', 'Preludios', 'Poemas sinfónicos', 'Canciones patrióticas y Marchas'". Esta selección tenía, según el autor, el mérito de "ser el reflejo fiel de nuestro **folklore** [...] recibido directamente, de viva voz, de mis queridos padres y del pueblo cuyas palpitaciones emotivas de su vida pasada, las retorno impresas en cifras musicales" (Vargas, 1928: 16).

Vargas define, así, al folklore como el producto de una síntesis histórica transmitida oralmente a través de las generaciones. En contraste, la música indígena, cuya matriz halla intacta, adquiere un carácter inmutable y, si bien constituye el origen del folklore, no forma parte de él. La música folklórica se presenta entonces como un elemento homogeneizante que tiende a disolver la diferencia indígena que, folklorizada aun cuando no compone el folklore musical, se le reserva el rol de echar sus raíces fijando su remota antigüedad.

Recopilaciones, bailes y concursos. Políticas culturales en torno a la música folklórica

En mayo de 1928 Carlos Valderrama, compositor perteneciente al indigenismo musical peruano, visitó Bolivia. La resonancia de su visita, así como su connotación indigenista, es tal que hasta es retomada por una caricatura del diario *La Razón* de la época, "Lo que piensa Fanny", que usualmente buscaba interpelar a las mujeres con reflexiones referidas a moda, relaciones de pareja, cocina. La caricatura del 19 de mayo de 1928 mostraba a Fanny escuchando música y al pie expresaba su pensamiento: "La música de Carlos Valderrama es, positivamente, la evocación más completa de la gloria solar de los incas, el alma de la raza sintetizada en sonido" (*La Razón*, 19-5-1928). La idea de que una esencia, como alma, se expresa a través del sonido, y se presenta como herencia inmutable del pasado incaico parece, entonces, ser parte no sólo del pensamiento de los primeros folkloristas de Bolivia sino del sentido común de la época. De todos modos, detrás de este consenso se desarrollaba un debate sobre la clasificación de la música indígena, folklórica y criolla que no sólo involucró a compositores y estudiosos sino también a amplios sectores de la sociedad. En este apartado nos dedicaremos a abordar dos políticas culturales que permiten pensar la articulación de las ideas desplegadas en el apartado anterior con la sociedad en su conjunto. En primer lugar, analizaremos el proyecto de recolección del folklore nacional llevado a cabo por el Ministerio de Instrucción en 1928, y luego abordaremos los bailes y concursos de música que se desplegaron en las fiestas julias desde 1929. A partir de ellas podremos acercarnos a algunos modos de encarnación, materialización o soporte de las nociones de indianidad y folklore que subyacen al proceso clasificatorio desarrollado por los compositores, al cual, asimismo, estas políticas culturales contribuyen a conformar.

La recolección del folklore nacional. Los debates en torno al proyecto de Manuel Sagárnaga

En 1928 Manuel Sagárnaga, en ese entonces director del Conservatorio Nacional de Música, presentó un proyecto con el fin de recoger a través del personal docente los elementos musicales del folklore boliviano. En una carta dirigida al ministro de Instrucción Pública, argumentaba sobre la importancia de preservar "los ecos del pasado, que por tradición perduran en la poesía, la música, el cuento, la conseja" de la amenaza del "cosmopolitismo [que] ha de ir imponiendo cada vez más notoriamente una nueva modalidad en las costumbres y en la mentalidad del nuestro". El material recogido, por tanto, debía ser "antiguo, de nuestra lengua o de las indígenas usadas en el país". Para Sagárnaga, la mejor manera de lograr dicho objetivo era a través del accionar del Ministerio de Instrucción Pública, puesto que las escuelas de su dependencia existían "en los villorrios más modestos y apartados". Concretamente, se esperaba que los maestros transcribieran lo más fielmente posible los elementos que Sagárnaga se disponía a enunciar detalladamente. Por un lado, debían recolectar "tradiciones populares marcadamente antiguas, de cualquier carácter que sean". Era requisito que estas fueran antiguas, locales y "conformes con el significado de la palabra tradición en el Diccionario de la Academia Española: 'Noticia de una cosa antigua que viene de padres a hijos y se comunica por la relación sucesiva de unos en otros'". Por otra parte, era necesario registrar también las "poesías populares", las cuales se clasificaban en cinco grupos. En primer lugar, los romances, género característicamente español. En segundo lugar, poesías infantiles, que permiten llegar al "alma elemental del niño y la mujer del pueblo". En tercer lugar, "poesías que se canten con acompañamiento de música". Dentro de este grupo Sagárnaga colocaba, por un lado, el triunfo, la firmeza, la vidalita, el bolero, el yaraví, el triste, el bailecito, la cueca, el caluyo, la mecapaqueña, las chayanteñas, la chilena y los huayños. Pero también encomendaba recolectar "cantos que acompañan danzas, como ser: Los Chiriguanos, Mocetones, Tatripulis, Chunchos, Sicuris, Huallunkas, Chutillos, Tundiques, Tiritiris, Italaqueños y la infinidad de motivos aymarás, quechuas". En este caso debían describirse, además, los trajes, si fuesen típicos, y las fiestas en que se realizaban. Un tercer grupo lo constituían "poesías populares de género militar o épico" que canten escenas de la guerra de independencia o de las guerras civiles posteriores, y que debían ser recogidas de la memoria oral del pueblo. Por último, importaba "cualquier otro género de poesía, leyendas, cuentos o narraciones en prosa, de origen netamente popular" (*La Razón*, 8-7-1928).

Este marco que establecía lo que los maestros debían recoger albergaba una notable amplitud. Tanto la noción de tradición estipulada como la extensa nómina de expresiones culturales plantean una definición amplia, ambigua y laxa de lo folklórico. ¿Qué constituye lo "marcadamente antiguo"? ¿La etapa precolombina, colonial, el período de la independencia? ¿Quién conforma al pueblo? ¿Y lo "netamente popular"? En principio el proyecto de Sagárnaga parece apuntar a una noción de folklore lo más abarcativa posible.

El 3 de agosto de ese mismo año el ejecutivo dictó el decreto por el cual se procedía a "recopilar, ordenar y clasificar el folklore nacional" y se establecía la obligación de los profesores de la república a cooperar. La fundamentación de dicho decreto se basaba en que "Bolivia es en el Continente uno de los pueblos más ricos en tradiciones y materiales históricos, étnicos y autóctonos que es urgente conservar, ordenar y clasificar para formar el folklore nacional tal como lo han hecho todos los pueblos con el suyo". En las disposiciones del ejecutivo se postulaba, al igual que en el proyecto de Sagárnaga, la necesidad de proteger a lo nativo del cosmopolitismo, que amenazaba con disolverlo. Por otra parte, se establecía

> [...] que está dentro de la más alta misión ética y social del Estado procurar por todos los medios la formación del arte, la literatura y la ciencia nacionales a los que, para dar una base verídicamente propias nada mejor que recopilar y organizar el folklore nacional, formándolo con las tradiciones, costumbres, mitos, danzas, cantos populares, leyendas, etc., dispersos hasta ahora y a los que se trata de dar unidad y forma concreta (*La Razón*, 19-8-1928).

Veamos entonces en qué consiste ese folklore nacional según el decreto. La selección expresada allí difería levemente de la planteada por Sagárnaga. El material recopilado con este objetivo debía pertenecer a uno de los siguientes grupos:

a) Narraciones y tradiciones
b) Costumbres tradicionales y actuales
c) Lenguaje popular
d) Creencias y supersticiones
e) Canto popular
f) Vida y arte populares
g) Ciencias y conocimientos populares (*La Razón*, 19-8-1928).

La definición de folklore es, otra vez, imprecisa, recayendo en lo "tradicional", lo "popular", aunque excediendo las expresiones puramente artísticas para albergar también "ciencias y conocimiento populares" y "creencias y supersticiones".

Frente a estas amplias definiciones, algunas publicaciones que giraron en torno a este proyecto afinaron un poco más los criterios de delimitación. En una nota titulada "La conservación del folklore nacional" se plantea la importancia de incentivar especialmente a los maestros rurales en la labor de recopilación del folklore nacional, "por muchos conceptos más cercanos a las fuentes […] especialmente vivas del folk-lore, que los de las escuelas urbanas". En este sentido, apuntaba que debía dárseles incentivos monetarios ya que "las escuelas rurales, en efecto impulsadas con generosidad e inteligencia, podrían ser los verdaderos reservorios espirituales de la tradición indígena, de la riqueza folklórica y del alma campesina". El ámbito del folklore queda circunscripto, así, al ámbito rural y presenta al indígena y al campesino como los sujetos que lo portan. Por otra parte, se proponía la organización de una comisión nacional ambulante para recoger cuidadosamente la producción musical folklórica. Esta comisión tendría que estar compuesta por compositores o entendidos de reconocida filiación en este orden, tales como Roncal, Antonio González Bravo, Andrés Barragán y otros capaces de llegar a este cometido (*La Razón*, 29-11-1928).

Antonio González Bravo se pronunció de manera aún más taxativa en el debate en torno al proyecto de Sagárnaga secundado por el Ministerio de Instrucción. Si bien aplaudía el emprendimiento de recolección del folklore, alertaba, de todos modos, el peligro que pudiera contener dicho proyecto "de confundir no solamente la música indígena precolonial con la colonial y con la mestiza y aun la criolla, sino aun los diversos géneros" al delegar tan importante tarea al magisterio, no formado para ello. Prefería, entonces, que el magisterio se reservara, por el momento, la tarea de despertar "el interés y el cariño por todas nuestras cosas antiguas que van siendo olvidadas y que corren el peligro de perderse completamente". Esta necesidad de preservar una clara diferenciación de cada motivo musical, se relacionaba con el riesgo que encarnaba lo que podríamos denominar el revés del progreso. Al respecto, Bravo postulaba lo siguiente:

> Tendidas ya varias vías férreas y siendo más activas las corrientes de emigración y de intercambio con las naciones extranjeras, nuestra patria corre el riesgo de perder para siempre, o de enajenar una de las cosas más importantes y de valor inmenso y único, cual es el de su soberanía espiritual, sin la que no formaríamos sino un pueblo híbrido, sin carácter original, desabrido e incoloro (*La Razón*, 10-7-1928).

Tan esperado para que arrasara con el indio durante el siglo XIX, ahora el progreso aparece como una amenaza para la definición de la singularidad boliviana. Y esta no está dada por un proceso de hibridación o síntesis, sino todo lo contrario. La amenaza, de todos modos, no es sólo el progreso y su concomitante cosmopolitismo, también los "anodinos y antipáticos sicuris mestizos y criollos [que] tienden a sustituir a aquellas [danzas antiguas], aun entre los mismos indios, y a ello habría que oponerse tenazmente" (*La Razón*, 10-7-1928). De este modo, frente a una noción amplia y mestizada del folklore nacional encarnada en el proyecto de Sagárnaga, Bravo insiste en la necesidad de discernir y enfatizar lo indígena como lo propiamente autóctono, y de fijarlo y conservarlo como tal.

Música, bailes y concursos

Como hemos planteado al comienzo del apartado, es posible concebir a los concursos de danza y música como un modo de materialización y soporte de las nociones estéticas que comenzaban a circular a principios del siglo XX, al mismo tiempo que contribuyen a delinearlas. Permiten abordar cómo los sentidos sobre la nación fueron también producidos desde prácticas corporales y experiencias sonoras. Asimismo, en tanto la experiencia es relacional –y, de hecho, como veremos a continuación, los concursos de música y baile involucraron a un gran número de personas y a diferentes sectores sociales–, posibilitan analizar los modos en que se dirime quiénes tienen el poder de definir y representar la autenticidad indígena dentro de aquella (Bigenho, 2002).

Analizaremos particularmente los concursos organizados por Amigos de la Ciudad que tuvieron la especificidad de enmarcarse en los festejos del 16 de julio, fecha que conmemora la conformación de la Junta Tuitiva de La Paz en 1809. Desde comienzos de la República esta fecha constituyó uno de los días festivos. En un contexto signado por la disputa con las elites chuquisaqueñas, que buscaban instaurar la revolución de Chuquisaca del 25 de mayo de 1809 como antecedente fundamental del proceso independentista, las elites paceñas se empeñaron durante el período 1880-1930 a reforzar y afianzar las fiestas julianas incluyendo nuevos elementos festivos y popularizando la parte lúdica del festejo (Bridikhina, 2009: 40 y 41). La imbricación de las fiestas julias y los bailes organizados por Amigos de la Ciudad (con el apoyo económico del Consejo Municipal) se dio por primera vez en 1929. La edición del 19 de julio del diario *La Razón* describía cómo "con brillo muy singular se ha desarrollado esta vez el programa de las fiestas julias, saliendo de la monotonía de años anteriores, gracias a las iniciativas y actividad de 'los Amigos de la ciudad'" (*La Razón*, 19-7-1929).

Durante estos festejos se organizaron diversos concursos. En primer lugar, los "bailes coloniales" y "bailes populares" y, por otro lado, en el marco de la I Feria de la Paz se realizaron concursos de "bailes indígenas" y "música criolla".[4] Los bailes coloniales y populares se efectuaron en el Teatro Municipal. El baile colonial tenía como números principales "lanceros" y "minués señoriales", para "lo que prestarán su contribución un gentil grupo de señoritas y jóvenes de nuestra sociedad". Contaban con trajes de la época, e igualmente el teatro había sido revestido con un decorado colonial (*La Razón*, 6-7-1929). Por su parte, el baile popular, que también se realizaba en el Teatro Municipal, estaba dirigido a "los obreros y obreras de las distintas instituciones y gremios". En él se distribuyeron premios a "la cholita más elegante", "a la más bonita", "a la más graciosa", "a la que lleve mejor manta", "a la que baile mejor las danzas populares", "a la que mejor baile las danzas modernas" y "a la mejor ataviada" (*La Razón*, 5-7-1929).

El concurso de bailes indígenas y música criolla, en cambio, no se exhibió en el teatro sino en el Hipódromo Nacional. El concurso comprendía tres categorías:

> a) música y danzas indígenas originarias de provincias del departamento de La Paz (sicuris de Italaque, surisicuris, laquitas, chiriguanas, etc). Se hace constar que se asignarán los tres premios de este grupo, de preferencia a los géneros anteriores, sin perjuicio de asignarse otros premios a otros grupos autóctonos que pudieran presentarse siempre que fueran ellos originarios de las provincias; b) música y danzas indígenas locales. (En este grupo se considerarán las comparsas organizadas en los suburbios de la ciudad u originarias de lugares próximos a esta, prefiriéndose siempre la música y danza indígena.); c) orquestas y bailes populares, criollas (*La Razón*, 11-7-1929).

---

4 La Feria de la Paz, organizada por Amigos de la Ciudad, además de exhibir los concursos de música y danza reunía exposiciones de tejidos, agricultura, ganadería, industria, así como también diversas actividades lúdicas.

En el concurso de música criolla, la Filarmónica 1°
de Mayo ejecutó un programa "típicamente criollo" interpretando himnos, boleros, cuecas, huayños y marchas (*La Razón*, 19-7-1929).

La prensa relató el éxito que habían tenido las exhibiciones de bailes y música indígena:

> A horas cinco, se dio comienzo con la audición de la tropa de Italaque, que ya en días anteriores había despertado el entusiasmo de los amantes de la música autóctona; ayer se repitió el triunfo de tal manera que los indígenas artistas fueron aclamados por el público. Inmediatamente los Moseños de Sicasica iniciaron la ejecución típica de su instrumentación y sus aires musicales, que tienen la virtud de haber conservado la autenticidad de la música antigua. Luego los Ppakochis de Achacachi hicieron la presentación de su original baile y música: ambos fueron a su vez aplaudidos (*La Razón*, 20-7-1929).

De hecho, la comisión organizadora, "a fin de que la música indígena antigua llegue al alma de las clases sociales como una de las expresiones más interesantes del folklore nacional", resolvió llevar a cabo una audición especial dedicada a las familias y personas amantes de estas manifestaciones artísticas, en la que sólo tomarían parte las tropas premiadas en el concurso (*La Razón*, 19-7-1929).

La participación de los indígenas en la fiesta cívica no es un detalle de poca importancia. Como ha señalado Bridikhina, la restricción a la presencia indígena en el espacio público persistió por mucho tiempo. Incluso su participación en el festejo del Primer Centenario de la Independencia en 1925 se limitó al papel de espectadores, marginados "en las colinas adyacentes a la avenida [con sus] coloridos trajes" (Bridikhina, 2009: 109).[5] De todos modos, aun

---

[5] La cuestión de los trajes es de vital importancia ya que en el contexto del proceso estatista-civilizador boliviano de comienzos del siglo XX, que incluía el control municipal sobre el espacio público, existían ordenanzas

cuando su participación en los eventos de 1929 fue de gran importancia, estuvo claramente circunscripta. En una nota del diario *La Razón*, Amigos de la Ciudad se excusaba de no haber hecho ninguna gestión "para que las tropas de bailes de indígenas ingresaran al centro de la ciudad, prohibida en tiempo del gobierno del señor Saavedra". Y argumentaban "que su gestión sólo se ha limitado a obtener el concurso del mayor número de bailarines indígenas, como en efecto se ha producido; pero su intención nunca ha sido darles la exhibición callejera que ha autorizado la policía, toda vez que debían presentarse en el concurso para la Feria de La Paz" (*La Razón*, 20-7-1929).

Es importante resaltar la numerosa concurrencia a los distintos bailes. En cuanto al baile colonial realizado en el Teatro Municipal, la prensa manifestaba que "en vista de la constante demanda de palcos, la comisión ha resuelto habilitar los palcos que se han construido en el escenario", mientras que en relación al baile popular planteaba que su éxito se hallaba "completamente asegurado, pues ya son varias las instituciones obreras que organizan la concurrencia a dicho acto". Respecto de la Feria de La Paz, dentro de la cual se desplegaron los bailes indígenas, publicó que la afluencia de público "ha sido realmente extraordinaria. Entre los días 16 y 17 únicamente, han ingresado al local de la Feria, alrededor de 36 000 personas, sin contar las que lo han hecho sin pagar, en un momento en que la enorme cantidad de gente dominó completamente a la guardia de vigilancia, tanto que ese excedente se calcula en unas cinco mil personas" (*La Razón*, 19-7-1929).

A partir de las bases de los concursos y de las opiniones que circularon en la prensa, es posible identificar algunos criterios de clasificación que contribuyeron a establecer. Si bien en la festividad hay una inclusión de todos

---

municipales que prohibían la presencia de indígenas en los lugares públicos en los días feriados con "los trajes típicos y los pies descalzos" bajo la pena de multa y retiro forzoso (Bridikhina, 2009: 96 y 109).

los sectores sociales, al mismo tiempo se establecen claras diferenciaciones entre ellos. Por un lado, los bailes coloniales y populares se realizan en el Teatro Municipal a donde se invita a sectores específicos a participar. En el primer caso, a "señoritas y jóvenes de nuestra sociedad", mientras que el baile popular está dirigido a "obreras y obreros". Este sector, como es posible ver a través de los premios a las "cholitas", está identificado con lo mestizo. Por otra parte, los bailes indígenas toman un carácter de exhibición y se realizan en el Hipódromo, adonde las elites y los sectores populares están invitados a participar en calidad de espectadores. Asimismo, como se observa en las bases del concurso de bailes indígenas, se establece una jerarquización entre el indígena urbano y rural, en la que se valoriza mayormente como tal a este último. Finalmente, el carácter de exhibición que toma la participación indígena queda plasmado en la prohibición impuesta a su tránsito por la ciudad. La integración simbólica que efectúa la festividad no busca modificar la segregación material de los indígenas sancionada por la legislación, y circunscribe su presencia al escenario preparado para ellos al interior de la Feria, situándolos, así, como objeto de contemplación con su concomitante efecto de exotización.

En los años subsiguientes se repitió el festejo. En 1930 Amigos de la Ciudad convocó nuevamente a concursos de bailes y música otorgando premios a diversas secciones:

> Al mejor conjunto de música y bailes indígenas originarios de las provincias del departamento de La Paz, siendo indispensable que se presenten con los respectivos trajes o disfraces correspondientes a la danza.
>
> Al mejor conjunto de músicos con instrumentos autóctonos –zampoñas, quenas, etc. y que ejecute música moderna: marchas, valses, fox, tangos, etc. y aires populares.
>
> A la orquesta o estudiantina obrera que interprete y ejecute la mejor música folklórica y popular (*El Diario*, 13-6-1930).

Por otra parte, anunciaba un concurso para las bandas del Ejército en los siguientes géneros: música de cámara, música folklórica, música nacional, y música popular (integrada por cuecas, bailecitos, mecapaqueñas, boleros, pasacalles) (*El Diario*, 13-6-1930).

En este último caso, se presenta una clasificación más específica que la vigente en los festejos del año anterior. Si antes los géneros estaban englobados por tres grandes grupos (colonial, popular, indígena), ahora hay una subdivisión más específica que, además, se desprende de los sujetos que los ejecutan. Por otro lado, la música folklórica, que el año anterior apenas aparecía como un calificativo en las notas de opinión, ahora se presenta como una categoría dentro del concurso, aunque sin especificar qué géneros la constituyen.

En los festejos de 1931 y 1932 el rótulo folklore cobra aún más importancia. En ambos años el concurso convocado para las fiestas julias apareció enunciado de la siguiente manera:

> El gran interés que han despertado en todas las clases sociales los concursos de Folklore en años anteriores, ha determinado organizar el gran concurso nacional que se realizará durante los días de la Feria. Concurrirán bailarines indígenas de diversas provincias del departamento de La Paz y posiblemente otras del interior de la república, con su música e instrumentos peculiares, vistosos trajes y caprichosas danzas (AACLP/Correspondencia/Programa Feria de la Paz de 1931 y *El Diario*, 3-5-1932).

Los bailes indígenas quedaban, así, contenidos dentro del folklore nacional. Durante estos festejos, al igual que para los anteriores, fue crucial la colaboración de subprefectos y corregidores para garantizar la concurrencia de las tropas de bailarines indígenas. En 1931 un caso particular fue el de los zampoñeros de Italaque, el grupo más valorizado en los festejos pasados. En una carta del 10 de junio de 1931 dirigida al subprefecto de la provincia de

Camacho, el presidente de Amigos de la Ciudad reiteraba que, en vista de la reclamación interpuesta por aquellos, su concurrencia debía ser voluntaria. Este planteo se desprendía de un memorial en el que los zampoñeros instaban no se les obligara a concurrir a la Feria. Frente a ello, Amigos de la Ciudad planteaba que "deseamos la concurrencia de los indígenas zampoñeros de Italaque a condición de que vengan por su propia voluntad y sin exageradas pretensiones del año pasado, en que se engrieron con los agasajos que se les hizo y se corrompieron con el contacto con algunos malos elementos que se decían sus paisanos" (AACLP/Correspondencia, 1931). Finalmente los zampoñeros de Italaque acudieron al concurso folklórico. De todos modos, este intercambio expresa las tensiones existentes detrás de la elaborada imagen de indio folklorizado. Por un lado, la resistencia de los zampoñeros indígenas al modo en que se les instaba a participar y, por otro, la necesaria intervención de las autoridades locales para efectuar dicha participación, las cuales justamente en el contexto de conflictividad social vigente en el ámbito rural encarnaban la opresión que el sistema de hacienda ejercía sobre las comunidades indígenas.

Los festejos de 1933 tomaron un cariz diferente ya que se realizaron en pleno contexto de la Guerra del Chaco. Es por esto que fueron acompañados de actos públicos que tenían el fin de recolectar fondos destinados a la defensa nacional y ayudar a las familias de los movilizados. Respecto a las demostraciones de música indígena, esta vez estuvieron a cargo de Sagárnaga. Asimismo, se acudió a la participación de los profesores de escuelas, especialmente la de Warisata, así como a los motivos indígenas recogidos por González Bravo (*El Diario*, 17-7-1933). De este modo, en esta festividad confluyeron diversos actores que desde la década del 20 venían trabajando en torno a la música indigenista.

El habitual concurso de música folklórica se realizó esta vez durante el mes de octubre, quizás pospuesto a raíz de la guerra. La convocatoria comprendía cuatro clasificaciones:

> Folklórica.- h) melodías indígenas; yaravís; huayños; caluyos; chayanteñas; mecapaqueñas; y otras danzas indígenas de las diferentes regiones del país; himnos, etc.
> Folklórica estilizada.- i) marchas; fox trot; valses; romanzas; canciones de himnos; suites; preludios, etc.
> Criolla.- j) bailecitos de tierra; cuecas bolivianas, boleros bolivianos; carnavalitos y pasacalles, etc.
> Nacional.- k) tema libre; suites, minuets, himnos, canciones, valses, fox trot, marchas, etc. (*El Diario*, 23-7-1933).

En esta convocatoria la música considerada folklórica no sólo se halla claramente especificada sino también diferenciada a su interior, con la aparición de una nueva categoría: "folklórica estilizada". Las melodías indígenas son consideradas parte del folklore, mientras que la categoría "folklórica estilizada" presenta otros géneros.[6] Por otra parte, las cuecas, bailecitos, pasacalles, que para Vargas constituían el corazón de su música folklórica, son catalogadas como criolla, en una noción que lo asocia nuevamente a lo popular y mestizo. Finalmente, la música nacional, denominación que antes aparecía solapada, coincide prácticamente con el folklore estilizado. En este sentido, podemos plantear que a lo largo del recorrido transitado por los concursos de música y baile de las fiestas julias aparece una delimitación y clasificación de los géneros musicales que, al mismo tiempo que progresivamente va identificando música indígena y folklore, permite deslindar lo propiamente nacional de lo indígena; la categoría de "folklore estilizado" viene a consumar esta operación.

---

6 Debemos señalar que, de todos modos, a partir de la década del 20 dentro de suites, preludios e himnos se hallan contenidos motivos de la música indígena, como hemos visto al analizar a los compositores indigenistas.

Conclusiones

¿Qué elementos componen entonces el folklore musical boliviano tal como es definido durante las décadas de 1920 y 1930? ¿Qué nos dicen de las ideas de indianidad y nación del período? En primer lugar, es necesario plantear nuevamente que las representaciones que han circulado en este ámbito no son unívocas. De este modo, se pueden encontrar nociones contrapuestas, aun cuando contribuyan a la conformación de determinadas visiones hegemónicas acerca de lo que constituye la indianidad y el folklore nacional.

Si focalizamos en los tres compositores que hemos analizado podemos ver cómo estas nociones se forjan desde el ámbito académico. Allí encontramos, por un lado, la obsesión de González Bravo por circunscribir lo propiamente indígena (para él componente esencial del folklore boliviano) y preservarlo tanto del cosmopolitismo como de las hibridaciones que se producen entre los distintos grupos sociales al interior de Bolivia. Como contrapunto, Vargas excluye la música "netamente indígena" de sus aires nacionales (reservándoles de todos modos un lugar central en su genealogía) y coloca como tales a la música criolla, constituida a partir de un proceso de síntesis. Por último, Caba compone sus *Aires indios* recurriendo a motivos rítmicos y al pentatonismo indígena para articularlos en una estructura estilizada y occidentalizada. Los tres incorporan, así, lo indígena dentro de la tradición musical de Bolivia, pero situándolo de distinto modo.

Por otra parte, el proyecto de recopilación del folklore no especifica detalladamente qué lo constituye. El objetivo aquí, perseguido tanto por Sagárnaga como por el Estado boliviano a través del Ministerio de Instrucción, más que clasificar y delimitar es hacerse del acervo necesario para definir la singularidad de Bolivia. La mezcla contenida en ese acervo incluye al indio, reproduciendo una noción de indianidad ya presente en los compositores, que exhibe la música indígena como un elemento inalterado que se encuentra en peligro de desaparición y debe ser preservado.

Por último, los bailes contienen dentro de sí una clasificación y diferenciación de los diferentes géneros musicales identificados con distintos sectores sociales, y los festejos son la oportunidad para que cada uno de ellos escenifique su rol. Si esta clasificación tiene un correlato en la estructuración de la sociedad boliviana, los festejos dan lugar a una teatralización que reifica las identidades sociales, donde las elites se visten con trajes coloniales, las obreras se atavían para ser premiadas por su atuendo de "cholita" y los indígenas exhiben sus "trajes e instrumentos típicos" sobre el escenario de la Feria de La Paz. De este modo, en esta práctica la violencia simbólica que acarrea el proceso de folklorización se hace más evidente.

Frente al ambiente estético decimonónico que excluía abiertamente lo indígena e incluso lo popular, vemos cómo a comienzos del siglo XX el indio va siendo incorporado como parte del folklore. Dentro de ese folklore, de todos modos, se establece una diferenciación entre algo inalterado, lo indígena, y algo dinámico, lo popular/criollo/mestizo; al mismo tiempo que se va circunscribiendo la idea de un folklore estilizado, esto es, géneros canónicos que, de la mano de los compositores indigenistas, adoptan motivos musicales indígenas. Lo indígena brinda, así, al folklore sus remotos orígenes y su singularidad. De todos modos, la noción de folklore, aún la más amplia y ambigua, no elimina la indianidad, sino que la reubica dentro del proyecto de nación de comienzos del siglo XX y la dota de significados alternativos, contribuyendo a la creación de una nueva estética.

3

La fiesta en la conformación de identidades sociales

La Semana Indianista de 1931

Como hemos visto en sucesivas ocasiones a lo largo de los capítulos precedentes, la fiesta y el ritual público constituyeron un terreno muy importante sobre el cual se dirimió la reconfiguración de las identidades sociales. La participación y presencia indígena, antes totalmente restringida y penada incluso por la ley, comenzó de a poco a filtrarse en los programas culturales de las elites. Tal fue el caso de los bailes convocados en el marco de la conmemoración del 16 de julio que, aun con los límites que hemos enunciado en el capítulo 2, no deja de tener resonancia. La festividad que abordaremos en este capítulo se desenmarca de la efeméride y constituye un evento que va más allá del mero reconocimiento de la población indígena y se propone "celebrar" la indianidad, organizándose exclusivamente en torno a ella y condensando tendencias que se venían gestando desde principios de siglo. En este sentido, puede pensarse a la Semana Indianista como expresión de la cristalización de la visión folklorizada del indio en los años 30.

La Semana Indianista fue un evento organizado por la Asociación Amigos de la Ciudad, una institución cívica de La Paz que encuentra su origen en 1916, cuando se forma el Grupo Cívico Tahuantinsuyu, y formalmente en 1928, cuando toma el nombre de Amigos de la Ciudad.

Conformada por paceños ilustres, la asociación postuló como objetivos contribuir al progreso de la ciudad a través del desarrollo económico industrial y urbano y, al mismo tiempo, realzar y defender los "valores tradicionales". A la par que se proponía dotar a La Paz de jardines y parques y embellecer sus calles ensanchándolas para transformarla en una ciudad pujante y moderna, se postulaba a sí misma como "forjadora de ideales" e incluso como orientadora de la política gubernamental (Miranda, 2006: 6 y 7).[1] Signados por el reciente traslado de la sede de gobierno de Sucre a La Paz, estos objetivos estaban orientados a consolidar la imagen del Departamento y su proyección nacional.

Si bien la Semana Indianista no puede ser catalogada como una fiesta cívica, y la iniciativa surge del ámbito privado, como veremos, existe una íntima articulación entre Amigos de la Ciudad y el gobierno boliviano, tanto en la dotación de recursos como en la apertura y participación de múltiples instituciones y autoridades nacionales y municipales. En este sentido, se entronca con la pretensión del Estado de redefinir los contornos de la identidad nacional. Adquiere, así, como las fiestas cívicas, el carácter pedagógico que contribuye a la creación de un tipo de comunidad imaginada a partir de la puesta en escena de los imaginarios producidos por el poder político (Bridikhina, 2009: 18-21).

La Semana Indianista surgió por iniciativa de Alberto de Villegas. Villegas fue un abogado paceño que se desempeñó también en el campo de las letras y la arqueología. Formó parte de la Sociedad Geográfica de La Paz, de la entidad Amigos de la Ciudad y fue director del Museo Tihuanacu, iniciando una gestión que significó la renovación y puesta en valor de las ruinas y la cultura tiwanacota. Si bien la vinculación de sus obras con temas indigenistas

---

[1] Como ejemplos de actividades concretas en que es posible ver la inserción de la Asociación en funciones municipales se puede enunciar su impulso y colaboración en la realización de alcantarillado y alumbrado público, y en la construcción del ferrocarril a Guaqui.

fue tardía, su producción periodística, así como su actividad en el museo y principalmente su rol de organizador principal de la Semana Indianista le otorgaron el calificativo de "indianista auténtico" (ALP/AdeV). Fue en 1931 que Villegas impulsó la organización de la denominada Semana Indianista con los objetivos de "exaltar el folklore nacional", "engrandecer el alma racial" y "forjar una auténtica cultura boliviana con raigambre indoamericana" (ibíd.). ¿Qué significación tiene en Bolivia la organización de un evento que celebre la indianidad no sólo en sí misma sino como un componente fundamental del folklore nacional? ¿Qué se entiende y qué se propone como indianidad y folklore en dicho evento? ¿Qué, finalmente, expresa acerca de la representación del indio en Bolivia durante los años 30? Para acercarnos a las respuestas de estos interrogantes comenzaremos por describir brevemente en qué consistió aquel evento iniciado en 1931, una semana en que la indianidad fue el foco de expresiones musicales, teatrales, pictóricas y el eje de numerosas conferencias. Asimismo, fue escenario para un despliegue simbólico en el que se inauguró un "Salón Indianista" desde el cual se exhibía la *wiphala*, se organizaron desfiles con la participación de caciques apoderados y tuvo como uno de los ejes centrales la puesta en valor de Tiwanaku como raíz de la bolivianidad.

Ensayos y conferencias: la invención de lo autóctono

> *A los americanos, lo único que nos queda para forjar una civilización, es fomentar el autoctonismo como arte, el autoctonismo como raza, y el autoctonismo como política. (La Razón, 5-1-1936)*

Durante toda la Semana Indianista se realizaron una serie de conferencias que fueron dictadas en el "Salón Indianista", al cual se podía concurrir gratuitamente, y también eran transmitidas por radio. Asimismo, los periódicos *La Razón* y *Última Hora* además de reproducir muchas de ellas dedicaron números especiales a la celebración de la indianidad que se desplegó en aquel entonces publicando ensayos, obras literarias y artículos.

En la correspondencia emitida por Amigos de la Ciudad aparecen numerosas convocatorias a intelectuales y miembros de distintas instituciones para dictar una conferencia "sobre un tema netamente autóctono" (AACLP/ Correspondencia, 1931). ¿Qué constituye para Amigos de la Ciudad y los intelectuales convocados lo netamente autóctono? Un primer acercamiento a dicho interrogante puede hacerse desde los títulos que llevan las conferencias y ensayos realizados a propósito de la Semana Indianista. Estos muestran temáticas que oscilan entre reflexiones sobre expresiones artísticas y culturales como "Comentarios del arte americano y crítica de exposición", "Los tejidos indígenas y su simbolismo", "Supervivencia de un culto en América", "Motivos de música folklórica" a otros de raigambre más histórica y sociológica tales como "La alimentación como factor social en la vida del indio", "La etimología de Tiahuanacu","La historia de Bolivia la ha de escribir mañana el indio" y "El mujik y el indio" (AACLP/Correspondencia, 1931; ALP/AdeV; *La Razón*, 13-12-1931, 16-12-1931 y 27-12-1931). Constantes son en ellas las referencias al indio, a Tiwanaku y al autoctonismo boliviano e indoamericano. La palabra indio aparece en todas las conferencias a las que hemos tenido acceso, pero ¿cuál es la noción de indianidad que subyace tras esa palabra? En las conferencias encontramos una tensión entre una visión que plantea al indio como una amenaza y descansa en la integración indígena como problema pedagógico y otra que desliza el denominado "problema del indio" a la esfera de lo material. Se insertan, de este modo, en las diversas interpretaciones sobre "el problema del indio" que convivían en la intelectualidad de la época. En primer lugar, el enfoque pedagogicista desplegado durante la primera década del siglo XX, cuyos mayores exponentes fueron Alcides Arguedas y Franz Tamayo, planteó la posibilidad de redención del indio a través de una educación específica que explotara su contribución particular al destino de la nación. En segundo lugar, la línea de pensamiento abierta por Gustavo Navarro (quien publicó sus escritos bajo el pseudónimo de Tristán Marof) ligó el llamado problema del indio al conflicto en torno a la propiedad de la tierra y utilizó la "utopía incaica" para encausar su movimiento político. Por último, la corriente que Francovich denominó "mística de la tierra", dentro de la cual se ubicaban Jaime Mendoza, Carlos Medinaceli, Roberto Prudencio, Fernando Diez de Medina, Humberto Palza, encontraba en las influencias telúricas el elemento de unión de la diversidad sociocultural boliviana.[2]

Alineado con la primera visión, José Salmón se refiere a la "poderosa raza del altiplano" como un componente esencial de la nación boliviana que a pesar de la opresión colonial y republicana ha logrado sobrevivir. La denuncia de la opresión que vive el indio forma parte de una advertencia sobre la fortaleza de la población aymara:

> [...] parece que estuviéramos esperando que la amargura llene los pechos de los aymaras, para que, exasperados despierten rugientes y feroces como león herido. Y este día no está lejano [...]. El abandonar estos problemas y no resolverlos a tiempo es fomentar trastornos sociales y políticos, que el país debe evitar a toda costa. Y si no ponemos el remedio con oportunidad, los izquierdistas, por una parte, y por otra el comunismo

---

[2] Los autores que participaron de la Semana Indianista como conferencistas y escritores que aquí analizaremos circulaban, también, por fuera del ámbito intelectual. José Salmón además de escritor era músico y compuso sus piezas a partir de motivos indigenistas. También tuvo incidencia en el ámbito político siendo presidente del Concejo Municipal, ministro de Guerra y de Obras Públicas. Roberto Prudencio, además de ser un destacado intelectual que conformaría luego el movimiento de los "místicos de la tierra" participó del mundo académico y político: fue fundador de la Facultad de Filosofía y Letras de la Universidad Mayor de San Andrés y profesor de la Escuela de Bellas Artes, y diputado y senador de la República. Por último Abraham Valdéz fue cofundador con Tristán Marof del partido socialista y tuvo un rol protagónico en el movimiento universitario boliviano de la década del 30.

indigenal se encargará de darnos en el porvenir algunas sorpresas. Por nuestro descuido o incompetencia, el indio escribirá mañana la historia de Bolivia (Salmón, 1931).

El indio aparece en esta conferencia como amenaza, por un lado, a raíz de la violencia irracional que ha caracterizado al estereotipo de indio decimonónico y de los juicios que condenaron a los participantes de la rebelión acontecida durante la Guerra Federal, y por otro, por la articulación entre el movimiento de caciques apoderados y el comunismo, cuyo antecedente más reciente lo constituía la rebelión de Chayanta. La solución al "problema del indio", así concebido, se retrotrae a los proyectos pedagógicos desplegados desde los primeros años del siglo XX que, junto a la creación de un patronato nacional del indio, debían atender las condiciones particulares de la población indígena y contribuir a "mejorar la cultura en su medio" (ibíd.). Bajo esta perspectiva se ubica también su denuncia del pongueaje que, al conducir al indígena a la ciudad, lo corrompe por alejarlo del espacio rural al que pertenece.

En la segunda visión, que concibe la cuestión indígena como problema material, se encuentra Bellón Rivero. Para él, el indio es un factor de progreso pero requiere un previo proceso de adaptación para el cual es necesario "descender del campo de la ideología al de las realidades. [...] Es por eso que el problema del indio, más bien lo llamaríamos el 'problema agrario'" (*Última Hora*, 28-12-1931). El indio como "raza explotada" y el problema del indio como "problema agrario" es un argumento que se esgrime en varios ensayos.[3] Quien profundiza este planteo es Abraham Valdez. El autor reflexiona en torno a los conceptos de indiofilismo, indigenismo e indianismo. Denunciando el indiofilismo como "la corriente superficial de los pseudo protectores, humanitarios y románticos, que hacen del indio motivo de

---

[3] Nos referimos a los ensayos "Una raza explotada" y "Sobre la psicología del indio altiplánico" publicados en el periódico *Última Hora*, 24-12-1931.

feria y discurso" propone al indigenismo como la campaña que reivindica el derecho que tiene el indio al dominio y posesión de la tierra (*Última Hora*, 21-12-1931). Es por eso que "los intentos de solucionar este problema por la educación, la filantropía legislativa o humanitaria, han naufragado frente al interés latifundista del político criollo, del clero, de todos los explotadores del indio". Para el autor, solamente la doctrina marxista puede encaminar la solución al problema del indio ya que lo identifica con el problema de la tierra y su reivindicación. Desde allí interpreta el "agrarismo del indio" y su "sentido religioso emergente de la 'madre tierra'" que obliga a considerar al indio inseparablemente de su tierra (ibíd.).

La tensión presente entre interpretaciones de adscripciones tan disímiles no excluye, sin embargo, confluencias entre estos pensamientos. Comparten la idea de que el indio es un componente esencial de la nación boliviana que requiere, de todos modos, un proceso de adaptación, ya sea desde el plano educativo o desde sus condiciones materiales de existencia. Este supuesto, propio de la idea culturizada de raza tan extendida en la intelectualidad de la época, es inescindible de otro elemento compartido por estas interpretaciones que es la influencia del medio en la conformación de la indianidad. Este elemento se encuentra más extendido aún en la conferencia de cierre de la Semana Indianista dictada por Roberto Prudencio. En su exposición titulada "Ideas sobre el sentido de la cultura altiplánica" (*Última Hora*, 29-12-1931), Prudencio pasa de la idea de raza vinculada al medio a centrar la atención directamente en este último, y ya no sólo en relación al indio sino principalmente en relación a la nación. Reflexionando acerca del despliegue acontecido durante la Semana Indianista, cuyo principal objetivo habría sido la creación de un "arte nacional", realza la idea de nación homogénea como un "estilo único", un "sentido cósmico" que constituye la unidad nacional y que no es otra cosa que "el fruto innato de la tierra". Es por eso que en un contexto en el que "no somos ya europeos, pero tampoco en verdad americanos" es necesario descubrir ese sentido cósmico que emana de la tierra para poder llegar a poseer una cultura autóctona. Esta tierra es descripta por Prudencio como una enorme altiplanicie que impregnó de una angustiosa lejanía a la cultura tiwanacota así como lo hace ahora con la cultura boliviana, "un fenómeno geográfico más que suficiente para producir un sentido vital particular y único" (ibíd.). En esta descripción el indio, "habitante autóctono de esta tierra", no es más que un elemento del paisaje de la altipampa. Pero el autoctonismo, identificado con el altiplano, funciona aquí no sólo como condición de indianidad sino como amalgama para crear una comunidad nacional. En esta conferencia, a la vez que se circunscribe al indio al medio rural, se proyecta al paisaje paceño como el paisaje propiamente boliviano.

La excursión a Tiwanaku

> *El solitario monolito de la pampa es el símbolo del indio. Representa mucho pero no hace nada.* (*La Razón*, 29-12-1931)

Es posible tener un primer acercamiento a lo que fue la excursión a Tiwanaku a través de la vívida descripción que Humberto Frías hace de ella en una publicación del diario *Última Hora*. Allí, Frías comienza describiendo el paisaje que se ve desde el tren que devora las grandes distancias de la Pampa. El paisaje severo apenas tiene variantes, tan sólo a lo lejos se destacan "ruinas erguidas como soldados solitarios". Como parte de él aparece una "muchedumbre abigarrada de indios y bailarines en inmensa algazara". Es, para Frías, de tal magnificencia que "los cerros rocosos forman a Tiahuanacu un anfiteatro gigantesco donde parece adivinarse una grandiosa civilización". Ese paisaje alberga un pueblo de fiesta, que agita banderas nacionales. Alberga, también, a los bailarines indígenas:

[...] ahí están los *choquelas* que llevan en la cabeza unos extraños sombreros de plumas rojas, ahí están los *quenales*, los *chunchos* y estas indias que ostentan unas extrañas tocas que las asemejan a las antiguas dueñas cervantinas [...]. La llanura tihuanaquense se ha poblado de sones, de la música de las quenas y las zampoñas, de los tambores y los rajarajas; música exótica, bailes de aquellos lejanos tiempos conservados por milagros (*Última Hora* 24-12-1931).

Por último, nos muestra la participación de dos "apóstoles del indianismo": Alberto de Villegas, con su infatigable esposa que luce un "hermoso traje indígena que la asemeja a una flor de kantuta" y Felipe Pizarro, quien explica el significado de aquella romería y "que con el acento de un antiguo sacerdote aimara habla al corazón sencillo de los indios" y "acaso por primera vez urga (sic) en el corazón de los aimaras, para despertar lo que aún queda de tradicional y de verdaderamente indígena". El paisaje vuelve a protagonizar la descripción, se amalgama a la palabra de aquel hombre y se ve por un instante "en la linde de los cerros oscuros la forma inmensa del colla, erguirse en un esfuerzo supremo para contemplar a sus últimos descendientes" (*Última Hora*, 24-12-1931).

La excursión a Tiwanaku fue una de las actividades a las que más importancia se le asignó en la planificación de la Semana Indianista. Este evento se enmarcaba dentro del proceso de patrimonialización de Tiwanaku estudiado en el capítulo 1, en el cual, como vimos, las romerías jugaron un rol fundamental. El análisis de la excursión realizada en el marco de la Semana Indianista brinda la oportunidad de ver con detenimiento la organización que se desplegaba detrás de la práctica de las romerías que condujeron a la condensación de sentidos reflejados en la descripción de Humberto Frías. Para ello comenzaremos por detenernos en algunos fragmentos de su relato.

Detrás de los "bailes de aquellos lejanos tiempos conservados por milagros" realizados en las mismas ruinas por indígenas, existió una articulación de diversos actores sociales con el fin de llevar a cabo la actuación. Central fue la participación institucional de prefectos y corregidores. A partir del pedido de Amigos de la Ciudad, los bailes fueron garantizados por el corregidor de Tiwanaku bajo órdenes del Prefecto del Departamento (AACLP/Correspondencia, 1931). La Unión Obrera Tihuanacu respondió también a la solicitud de Amigos de la Ciudad enviando "danzantes autóctonos con indumentaria nativa" y asegurando la "concentración de escolares de niños indígenas, de las comunidades y ex-comunidades de la compresión de Tiahuanacu" (ibíd.). Por otra parte, la elección de los comunarios que realizaron la exhibición de bailes estuvo a cargo de personalidades de la comunidad científica e intelectual. Al respecto, Federico Buck indicó que "sería bueno procurar asistan los de Yanarico, propiedad del señor Juan Prudencio, los de Antamarca, Unamarca y Rosapata, propiedad del coronel Sanjinés, por tener tropas interesantes de bailes antiguos" (ibíd.). También la interpretación de esa actuación estuvo mediada por la participación de Rigoberto Paredes, quien tuvo el rol de explicar "la significación e importancia folklórica de los bailes indigenistas" (ibíd.). De este modo, se despliega una *performance* en la que se establece un lazo de continuidad entre las comunidades indígenas contemporáneas y el pasado tiwanacota, reificando los bailes indígenas y convirtiéndolos, así, en parte del folklore nacional.

Esta operación se repite y se plasma claramente a través de una imagen que circuló como tapa del programa de la excursión y de las invitaciones, y que remite a la operación que presentan las fotografías de Posnansky analizadas en el capítulo 1. En esta imagen la superposición de individuos indígenas en la Puerta del Sol, el símbolo más fuerte de la grandeza de la sociedad tiwanacota, cumple la función de hacer pasar a dichas personas como vestigios de ese pasado, al mismo tiempo que las ruinas cobran actualidad y significación para la Bolivia contemporánea.

Semana Indianista

ROMERIA HISTÓRICA A TIAHUANACU

Domingo 20 de Diciembre de 1931.

La maravillosa puerta del sol.

Imagen 6. Programa de la Semana Indianista, 1931. ALP/AdeV.

La articulación de distintos actores sociales fue necesaria también para armar "aquel maravilloso paisaje" que, como describe Frías, sirvió de "anfiteatro" para la romería. Fueron recurrentes las cartas para arreglar la Puerta del Sol, poner en condiciones las inmediaciones de las ruinas principales y para decorar el sitio con plantas de kantuta, retama y kiswara. La metáfora que describe a la mujer de Villegas como una planta de kantuta no es casual. Esa planta había sido la flor imperial y luego fue declarada flor nacional por el Estado boliviano. En la romería a Tiwanaku es incorporada como componente de un ambiente que, así como en los ensayos y conferencias de los intelectuales, cobra en la descripción de Frías un rol protagónico que remite a un origen autóctono. Las flores de kantuta (que por ser propias de las yungas no se adaptaron al clima del altiplano y luego debieron ser reemplazadas) fueron suministradas por distintas personalidades e instituciones, y formaron parte del esfuerzo por mejorar el "escenario" de la romería (ibíd.). El escenario, es decir, el lugar donde se representa una ficción.

¿Cuál es el objetivo de esta puesta en escena tan cuidadosamente diseñada? ¿Cuáles son sus efectos de sentido? Como hemos planteado anteriormente, el producto de esta conjugación de elementos fue establecer una unidad y superposición de símbolos que tuvieron como efecto una actualización del pasado a través de los bailes indígenas y sus fotografías junto a las ruinas, en un ambiente especialmente diseñado y proyectado como el elemento autóctono de la nación. Los destinatarios de esta puesta en escena fueron no sólo la sociedad boliviana sino, y principalmente, la comunidad internacional. Hubo una intensa preocupación porque pudieran asistir los diplomáticos presentes en Bolivia, y la Oficina Municipal de Turismo asumió la organización del evento junto con Amigos de la Ciudad con el propósito de "impulsar la cultura nacional en uno de sus más interesantes aspectos, como es el de divulgar la importancia de las ruinas de Tiahuanacu mediante visitas periódicas de turistas" (ibíd.).

La excursión enmarcada en la Semana Indianista viene, de este modo, a reforzar el proceso de patrimonialización de Tiwanaku iniciado décadas atrás. Así, en el marco en el cual "no somos ya europeos, pero tampoco en verdad americanos", los intentos por fijar un origen autóctono para la nación boliviana colocan a Tiwanaku como testimonio de una gran civilización, cuya herencia sobrevive en el aymara del altiplano, latente, esperando ser despertada (*La Razón*, 27-12-31). En esta operación, que hacia el exterior quiere delinear lo propiamente boliviano y al interior crear "en la conciencia del pueblo el sentido [del] verdadero valor [de Tiahuanacu]", entra en juego tanto la comunidad científica como distintas instituciones estatales. La participación de la población indígena está supeditada a las órdenes de prefectos y corregidores, y circunscripta a actuar como vestigio del pasado que condensa el espíritu nacional. Tal es la ausencia de agencia que tiene en esta celebración de la indianidad la población indígena que en el relato de Frías es Felipe Pizarro, reconocido intelectual y estudioso de la educación bilingüe, quien "urga (sic) en el corazón de los aimaras, para despertar lo que aún queda de tradicional y de verdaderamente indígena". Es desde esta concepción de la indianidad que es posible definir al "solitario monolito de la pampa como símbolo del indio", y al indio como símbolo de la nación.

Música, teatro y pintura: la definición del "arte nacional"

> *Cuando en las alturas tristes y desiertas de las bolivianas frígidas mesetas oyen los viajeros el son de la quena, pasa por sus almas la vaga tristeza que sobre las ruinas y páramos dejan las últimas notas, las últimas penas de los pueblos idos y las razas muertas.*
> (*Última Hora*, 24-12-1931)

Las expresiones artísticas son quizás uno de los ámbitos que mejor permiten visualizar la relación entre indianidad, folklore y nación. Si en los aspectos estudiados previamente un elemento puede aparecer desligado del otro, en el caso de la pintura, la música y el teatro la obsesión por definir los motivos folklóricos bolivianos redundarán en un programa de producción del "arte nacional" a través del cual es posible discernir el modo en que fueron articulados. En este apartado abordaremos este proceso a través del rol que la música, el teatro y la pintura tuvieron en la Semana Indianista.

Beatriz Rossells postula que la música ha adquirido en Bolivia el carácter de "símbolo nacional por excelencia" en tanto "constituye el patrimonio de mayor relevancia para la gran mayoría de sus pobladores, en mayor grado que la literatura, las artes plásticas y otros tipos de expresión, pues al no tener acceso a las formas escritas del arte, a causa de su analfabetismo, [...] las masas han volcado en la música una enorme riqueza artística y documental" (Rossells, 1996: 15). La autora analiza el arduo camino que la música popular transita hasta constituirse en música nacional en la década del 20, cuando compositores, cantantes, comentaristas de medios de comunicación y el público le asignan un valor representativo. Teniendo en cuenta la contradicción presente en la elite liberal que oscila entre el rechazo y la adopción de la música indígena como componente de la nación, Rossells focaliza en las "raíces fundamentalmente indígenas" de la música nacional boliviana. En este sentido, más que el proceso de "blanqueamiento" que pudiera sufrir en este devenir la música indígena, la autora se propone buscar "el mapa nocturno" de la cultura popular convertida en nacional, es decir, los elementos indígenas que perviven en ella (Rossells, 1996: 18 y 19). Plantea que si bien la música nacional aparece como signo de los conflictos raciales y de clase, el mundo indígena se introduce en ella convirtiéndola en un terreno de esenciales y profundos puntos de contacto entre los distintos mundos existentes en Bolivia. La música nacional funciona, así, como un símbolo ritual, referencial y de condensación de las ideas de nación, territorio y población, y está saturada de cualidades emocionales que se manifiestan en las fiestas y ceremonias privadas, públicas y aun oficiales. De este modo, es capaz de lograr la integración ritual a nivel consciente e inconsciente de individuos y grupos, constituyendo el único símbolo nacional que atraviesa el país horizontal y verticalmente, del campo a la ciudad, entre las diferentes regiones y al interior de las clases sociales, en un movimiento completo de ida y vuelta (Rossells, 1996: 116 y 117). Para la autora, la música sería un elemento que conforma una identidad nacional efectivamente existente en el cual confluyen, en una mutua influencia, elementos indígenas, criollos y mestizos.

Como hemos analizado en el capítulo 2, a tal movimiento de incorporación de los diferentes sectores de la sociedad boliviana subyace un proceso de clasificación que otorga connotaciones específicas y jerarquizadas a los distintos motivos musicales que desde comienzos del siglo XX empiezan a tenerse en cuenta como parte de la "música boliviana". Estos están, a su vez, ligados a la reconfiguración de identidades sociales. En este sentido, la música nacional no funciona como mero receptor y expresión de aquellas sino que tiene lugar un proceso de mutua definición. A continuación analizaremos el carácter particular que la Semana Indianista imprimió a dicho proceso.

Un evento central de la Semana Indianista fue la "Velada de Arte Nativo" llevada a cabo el 24 de diciembre. La importancia asignada a este número quedó plasmada en la numerosa correspondencia emitida en función de sus preparativos. Las representaciones musicales, que ocuparían un rol central dentro de la velada, consistían en "arreglos sobre motivos indígenas" interpretados por la Filarmónica 1° de Mayo (ALP/AdeV, Programa de la Gran Velada de Arte Nativo). Un terceto de cuerdas tocaría "varios yaravíes netamente incaicos" (*Última Hora*, 4-12-1931) y se presentarían numerosas obras de distintos estilos musicales (vals, bolero, foxtrot, huayño) compuestas por músicos académicos en base a diseños indigenistas. Estas representaciones estaban unidas, a lo largo de la velada, a conferencias que explicitaban y delineaban el sentido del despliegue artístico (ALP/AdeV, Programa de la Gran Velada de Arte Nativo).

Otro modo de acercarse a la comprensión del rol de la música en la Semana Indianista es a partir de las retretas militares. Como plantea Rossells, las retretas fueron la gran contribución del Estado a la música popular al constituirse, en el siglo XIX y en la primera mitad del siglo XX, en los núcleos mejor dotados para la ejecución y divulgación nacional, ya que trasladándose de un confín a otro del territorio nacional tuvieron impacto en la población, difundiendo repertorios y popularizando melodías (Rossells, 1996: 108-110). En la Semana Indianista las retretas fueron de gran importancia y condujeron a intensificar la articulación entre el Ejército y la Asociación Amigos de la Ciudad. En esta ocasión, la variedad de motivos interpretados por las bandas militares quedó reducida a "motivos autóctonos estilizados" que pudieran "cimentar una cultura artística tomando como base la riqueza de nuestro folklore" (AACLP/Correspondencia, 1931). Por otra parte, estas retretas debían "comprender música exclusivamente nacional, de preferencia sobre motivos musicales folklóricos de diferentes autores" (ibíd.).

En ambas manifestaciones aparece lo autóctono, lo indígena o incluso lo incaico, como la materia prima a partir de la cual se crean motivos "estilizados" que, en todas las ocasiones son interpretados por músicos académicos o por la banda del Ejército. A este proceso de estilización subyace una búsqueda previa de lo "netamente autóctono" que espera encontrarse de manera prístina en algún sitio. El reducto donde se imaginó hallarlo fue, una vez más, la escuela rural indigenal. Los periódicos anunciaron que "la Escuela normal indigenal [...] hará conocer al público por primera vez sus canciones del folklore. Esta actuación ha de constituir seguramente una novedad pues se trata de piezas originales con música autóctona y letra adecuada para los establecimientos de enseñanza rural" (*La Razón*, 25-12-1931). Esta noción de música autóctona aparece esbozada por la misma escuela indigenal. En una carta dirigida a Alberto de Villegas, el director Alfredo Guillén Pinto planteaba:

[...] la Semana Indianista [...] constituye una de las primeras obras efectivas tendientes a manumitirnos de la palabrería insubstancial en que estuvimos absorbidos hasta hace poco: el primer paso hacia un movimiento social simultáneo que ha de tener la virtud de crear un nuevo ambiente y de borrar innumerables prejuicios. Una obra tan grande –la de comprender y redimir al indio– requería, ciertamente una iniciativa de esta magnitud. [...] Me permito rogarle quiera usted aceptar nuestra modesta intervención (ALP/AdeV).

Lo que la escuela estaba en condiciones de ofrecer eran "sus canciones propias, originales, no conocidas aún por nadie, con música netamente vernácula [...] que cantarán los pocos alumnos que quedan en la ciudad colaborados por algunas señoritas y los profesores" (ibíd.). La "música netamente autóctona" corresponde, entonces, a la ruralidad, donde ha permanecido oculta hasta que por fin sale a la luz como parte de un proceso de redención del indio impulsado por la elite letrada, representación que encarna en los proyectos educativos que asignaban a la población indígena escuelas-talleres en el campo. En este sentido, la obsesión por encontrar la música autóctona desemboca en su invención, la invención de un elemento inalterado circunscripto al ámbito rural que pervive en el indígena. Es por esto que es de carácter nostálgico, triste, y el sonido de la quena se yergue como un lamento.

Se repite, así, la lógica del proceso de estilización analizado en el capítulo 2, que hace de la música indígena la raíz de la música nacional y al mismo tiempo la diferencia de esta. Mientras la música nacional estilizada aparece como ámbito de creación vigente, la música indígena es la pieza escondida en el altiplano que recuerda "las últimas notas de los pueblos idos y las razas muertas". Esta idea encuentra una clara expresión en la exposición de instrumentos "autóctonos" que luego de cumplir su rol en la Semana Indianista irían a constituir parte de la colección del Museo de Tiahuanacu (ibíd.). Si el sitio de la música nacional es el teatro, el de la indígena es el museo.

Esta doble operación de apropiación y deslinde respecto de los elementos culturales indígenas es posible por el proceso de estilización que funciona como vector de un blanqueamiento de estos elementos. Las representaciones estilizadas, enmarcadas en el Teatro Municipal y ejecutadas por renombrados artistas, poco recuerdan a aquella "música exótica conservada por milagros" descripta por Frías que sí era interpretada por comunarios en la excursión a Tiwanaku. Si la música efectivamente constituye un elemento de integración nacional, no funciona, como plantea Rossells, como una fusión de diversos elementos que se influyen recíprocamente, sino que se proyecta una nueva creación que delimita y jerarquiza las expresiones culturales.

La misma operación de estilización se encuentra presente en el arte pictórico. El comité de la Semana Indianista invitó "a todos los artistas, nacionales y extranjeros, a concurrir a la exposición con el nombre de 'Salón Indianista' [...] cuyo objeto es ponderar los elementos y los valores artísticos autóctonos". La exposición comprendería las secciones de pintura, dibujo, grabado, escultura, música, artes decorativas, fotografía, cinematografía" y las obras presentadas debían estar "exclusivamente consagradas a un tema indigenista" (*Última Hora*, 30-11-1931). Esta convocatoria general se dirigió especialmente a los alumnos y profesores de la Academia de Bellas Artes (AACLP/Correspondencia, 1931).

La participación de los artistas también estuvo relacionada con la confección de "motivos decorativos" que pudieran impregnar a la sociedad boliviana de su sentido vernáculo. La sola Puerta del Sol de Tiwanaku constituía "un vivero inagotable de motivos de arte decorativo, sin hablar de todos los fragmentos dispersos de la estupenda civilización de Tiahuanacu y de los mil motivos estéticos de nuestro altiplano [...] prodigioso patrimonio artístico, incomprendido o desdeñado [que] va camino de desaparecer" (ALP/AdeV). Esta iniciativa se insertaba en un marco en el que se veía necesario acercarse "al hermano indio, comprender las inquietudes de su espíritu y aprovechar los materiales que nos brinda para echar las bases de una cultura sólida, que no viva más de imitaciones serviles ni de cosas trasplantadas, poniéndonos en ridículo" y que pueda estribar "nuestro orgullo, nuestra fortaleza y nuestra originalidad, en ser precisamente descendientes de indios" (*El Diario*, 13-12-1931, ALP/AdeV). Nuevamente radica en el mundo indígena la raíz del arte autóctono, considerado, aquí, como fuente de elementos "decorativos" que puedan integrar la simbología nacional.[4] La elite debía rescatar este arte y propagarlo no sólo hacia dentro de la ciudad de La Paz, sino, y principalmente, presentarlo hacia la comunidad internacional como elemento constitutivo de la singularidad boliviana. Pero al mismo tiempo, esa singularidad nacional comienza a asociarse a una identidad regional "indoamericana". De ahí la correspondencia a prefectos de Cusco, Arequipa y Puno, invitando a artistas de tendencia indianista a concurrir y enviar productos, con el fin de "impulsar el arte americano entre los pueblos que formaron el Gran Tihuantinsuyu y afianzar, al mismo tiempo, la unión decretada por la prehistoria, la historia y la geografía" buscando "formular votos porque Bolivia y el Perú realicen conjuntamente una labor de reivindicación del indio" (AACLP/Correspondencia, 1931).

Una tercera manifestación artística protagonista de la Semana Indianista fue la exhibición de la obra de teatro *Supay Marca* en el Teatro Municipal como parte de la Velada de Arte Nativo. Escrita en 1924 por Zacarías Monje Ortíz, la obra reproduce un típico motivo indigenista ya presente en la literatura boliviana de los años 20. En un punto del altiplano, donde es omnipresente el viento de la

---

4   Efectivamente a partir de la década del 40 los motivos tiwanacotas comienzan a estar presentes en diferentes espacios públicos. Un ejemplo destacable de ello es la sede central de la Universidad Mayor de San Andrés, construida por Emilio Villanueva en 1948. No sólo la entrada está enmarcada por las figuras presentes en la Puerta del Sol, sino que todo su estilo reproduce la arquitectura tiwanacota.

Pampa, Kantuta, una bella indígena, y su prometido Císcula se encuentran camino a la ciudad de La Paz, fuera de la estancia a la que pertenecen en calidad de pongos. Transcurren, a lo largo de la historia, dramáticos desencuentros entre los enamorados en cuya develación cobra un rol central Silveiro, el *yatiri* de la comunidad. El amor de los jóvenes indígenas se ve truncado finalmente por la aparición de Roque, el hijo del estanciero, quien eludiendo el compromiso existente entre ellos obliga a Kantuta a retornar a la estancia, prohibiendo la entrada a su prometido. La obra termina con las siguientes palabras de Císcula: "¡Aimara, aimara, hombre de los años infinitamente distantes, cuándo has de volver! Está bien... ¡pero yo siento que aquí, en mi pecho, va naciendo un nuevo espíritu! Resucito...". Y mirando a la ciudad exclama: "¡Supay Marca! ¡Ciudad del Demonio! ¡Madre del Pecado! ¡Toda mi raza tiembla cuando cada uno de nosotros franquea tus umbrales, y por eso rezamos de terror, sólo al verte! De tu seno ha salido la causa de mi nueva vida; cada una de tus piedras sentirá el golpe de mi venganza" (Monje Ortiz, 1928: 51 y 52). Algunos elementos externos al argumento también expresan el sentido indigenista de la obra. En primer lugar, introduce un extenso glosario que se usa para incorporar palabras aymaras en la historia, y por otra parte la obra es actuada por criollos vestidos "a la usanza aborigen".

El teatro como modo de escenificación criolla del indígena tiene antecedentes en el drama incaico que, como ha estudiado Itier (1995), se remonta a las primeras obras teatrales quechuas realizadas en el Cusco en el siglo XVI y alcanzó su plenitud en el segundo decenio del siglo XX. En ese entonces, las representaciones del incario, interpretadas por actores criollos, sirvieron como soporte de los proyectos de nación de las elites cusqueñas y de sus aspiraciones políticas frente a la capital limeña. Kuenzli (2013) ha demostrado cómo en Bolivia el teatro quechua no sólo fue expresión de los sentidos de nación e indianidad de las elites criollas, sino que también fue arena de disputa de los criterios de pertenencia a la comunidad nacional entre ellas y los indígenas. Al analizar el caso de las elites aymaras de Caracollo, observa cómo con sus performances teatrales, a través de una exaltación de lo incaico y una invisibilización del pasado aymara, se distanciaban de los estereotipos negativos sobre lo aymara que primaban en el temprano siglo XX, a la vez que, "incanizando la nación", reclamaban un espacio dentro de esta en tanto portadoras de un célebre pasado inca que se le adjudicaba. Con *Supay Marca*, sin embargo, el Teatro Municipal brinda su escenario nuevamente para una representación indigenista estilizada e interpretada por criollos, la cual reproduce el estereotipo de indio forjado por la literatura de los años 20 (víctima, supersticioso, para quien la ciudad aparece como amenaza y como elemento de corrupción, a lo cual subyace la implícita pertenencia del indio al medio rural). Pero en este caso, la obra decide terminar con una imagen de indio como amenaza para la propia ciudad, y es la violencia lo que desata el espíritu aymara que Císcula siente revivir.

Conclusiones

Discursividades, música, pintura, teatro, patrimonio se entrecruzan en un evento que cristaliza una visión hegemónica de indianidad que venía gestándose desde comienzos del siglo XX. En los albores de la Guerra del Chaco, que implicaría un nuevo desafío a la definición de los contornos de la comunidad nacional, la Semana Indianista despliega en todo su esplendor una imagen folklorizada del indio que lo fija en un determinado lugar: parte del paisaje de la altipampa, resabio del pasado, o simplemente un elemento decorativo que debe sufrir un proceso de estilización para constituirse en nacional. La celebración de la indianidad en un evento que busca realzar el "alma racial boliviana" constituye, así, una operación de incorporación de lo indígena como parte del folklore nacional en un doble movimiento que integra pero también delimita y jerarquiza los distintos elementos culturales.

La Semana Indianista no sólo busca proyectar esa imagen al interior de la nación sino también hacia la comunidad internacional. Si al interior se busca lograr un alcance nacional a través de la invitación a corregidores y prefectos de los distintos departamentos, hacia el exterior se presenta la distintividad boliviana convocando a diplomáticos y embajadores, al mismo tiempo que se construye una identidad indoamericana articulándose con intelectuales y artistas indigenistas latinoamericanos. En este sentido, la noción de lo autóctono que folkloriza a la población indígena forma parte de una estrategia de apropiación que hacia el interior busca neutralizar la agencia indígena y proyectar la hegemonía paceña, y hacia el exterior presentar la singularidad boliviana.

Durante la Semana Indianista la participación indígena está subsumida al accionar de corregidores, prefectos, artistas, académicos e intelectuales. Un evento se diferencia, de todos modos, de los analizados aquí en cuanto a la participación indígena. El 27 de diciembre se realizó un "desfile del elemento autóctono masculino y femenino" desde la Plaza Murillo hasta el Salón Indianista. Según el periódico que anunciaba el desfile, este había sido organizado "gracias a la actividad del popular Eduardo Nina Quispe y de varios caciques y curacas llegados últimamente de las provincias" (*La Razón*, 27-12-1931). Asimismo, en una solicitud enviada a la Cámara de Diputados el 31 de diciembre de 1931, Nina Quispe expresaba que se encontraba "hondamente conmovido el espíritu de la raza indígena, por la feliz iniciativa de dedicar una semana, como homenaje a nuestra raza" (BAH ALP/Solicitud de indígenas con informes. Caja 93. Informe 28). La participación de Nina Quispe, protagonista de la lucha jurídica indígena de la primera mitad del siglo XX, en un desfile de la Semana Indianista, con su concomitante exotización y folklorización, refleja el complejo entramado de subjetivación presente en el tejido que compone el sistema de dominación que opera en Bolivia en la década del 30. ¿Cuál fue el motivo de dicha participación? ¿Refleja una introyección de la imagen reificada del indio? ¿O constituye, en cambio, un margen de negociación dentro del evento? Para acercarnos a la respuesta de estos interrogantes es necesario adentrarnos en el estudio del proyecto desplegado por el movimiento liderado por Nina Quispe y a la luz de él repensar los alcances y límites de la folklorización del indio.

4

La folklorización disputada

El proyecto de nación de Eduardo Nina Quispe

> *Todos los bolivianos obedecemos para conservar la libertad. Los idiomas aimará y quechua, habla la raza indígena, el castellano, lo hablan las razas blancas y mestiza. Todos son nuestros hermanos.* (ALP-EP. Caja 346, "De los títulos de composición de la Corona de España")

Hemos analizado, hasta ahora, distintos ángulos desde los cuales la elite letrada, el Estado y la academia han delineado a comienzos del siglo XX una específica representación de nación e indianidad. Una amplia bibliografía ha mostrado, sin embargo, cómo las representaciones forjadas desde la elite no son unívocas sino que se encuentran siempre en articulación con lo que se ha denominado la cultura popular.[1] En efecto, las ideas de nación e indianidad en Bolivia no sólo fueron proyectadas desde y por la elite, sino que otros actores entraron en juego, disputando dichas construcciones culturales y sus sentidos. En este capítulo analizaremos las nociones de nación e indianidad construidas por Eduardo Nina Quispe, indígena apoderado protagonista de la lucha legal durante las primeras décadas del siglo XX, como modo de abordar la manera en que el proyecto de la elite se articuló, en oposición o confluencia, con algunos

---

[1] Algunos ejemplos representativos de ella son: Bajtin (2003), Burke (1992 y 2008), Freire (1992), Ginzburg (2001).

sectores del movimiento indígena del período. Si bien su propuesta no agota las construcciones alternativas que se dieron por parte del mundo indígena en general, posibilita el acercamiento a una de ellas. Además, permite evaluar el grado de hegemonía del proyecto de la elite así como también el modo en que esta última recibió la propuesta del movimiento indígena.

En función de estos objetivos reconstruiremos, en primer lugar, el contexto en el cual se despliega el proyecto de Nina Quispe y su inserción en el movimiento de caciques apoderados. En los siguientes apartados analizaremos su propuesta educativa y su práctica legal en pos de la recuperación de tierras y de la configuración de una idea alternativa de nación. Finalmente, abordaremos los discursos elaborados por la elite en torno a su propuesta a lo largo de las décadas de 1920 y 1930.

El movimiento de caciques apoderados a comienzos del siglo XX

El proceso de desposesión de tierras abierto con la ley de exvinculación en 1874 trajo aparejado un intenso movimiento indígena en pos de su restitución. Amparado por esa misma legislación, que permitía a las comunidades delegar en "apoderados" la gestión de sus reclamos de tierras, surgió esta figura como líder del movimiento (Choque Canqui y Quisbert, 2010: 27). Ante las nuevas expropiaciones que se gestaron a comienzos del siglo XX apareció una nueva generación de líderes indígenas, conocidos como "caciques apoderados", que se desarrollaron en base a las redes de apoderados de fines del siglo XIX, aunque conformando una red mucho más amplia, sustentada en extensos lazos transregionales y multilingües. Estos apoderados de segunda generación no sólo buscaron evitar las invasiones a tierras comunales que librara el partido liberal, sino recuperar territorios que estaban ocupados por haciendas desde tiempos previos. Por otra parte, revivieron el título de cacique de la época colonial imbricando su liderazgo en una genealogía que se remontaba a las luchas jurídicas coloniales al mismo tiempo que investían a dicho título de una nueva significación (Gotkowitz, 2011: 88). Los caciques apoderados en Bolivia durante la República eran representantes de una, dos o tres comunidades, nombrados a través de los *jilaqatas* (autoridad originaria) para gestionar sus demandas ante las autoridades de los poderes del Estado. No todos eran caciques apoderados, algunos ejercieron su liderazgo simplemente como caciques o como apoderados generales. Nina Quispe tomó solamente este último título (Choque Canqui y Quisbert, 2010: 29).

Las redes del movimiento de caciques apoderados adquirieron una dimensión nacional, logrando un grado de coordinación inédito para el movimiento indígena andino de principios del siglo XX. "Aunque algunos de los caciques apoderados estuvieron implicados en grandes rebeliones, su práctica política se centró, sobre todo, en la ley"; concretamente en la presentación de memoriales a las autoridades estatales en pos de la defensa de tierras, educación y derechos. En sí tal presentación era una práctica común que se remontaba a la época colonial; lo particular del movimiento a comienzos de siglo fue su alto grado de coordinación y colaboración. En efecto, desde la sede de La Paz, los caciques apoderados de muchas regiones implementaron una difusión de querellas a todos los niveles de gobierno por medio de periódicos y boletines (Gotkowitz, 2011: 81-82).

El desenvolvimiento de las prácticas de los caciques apoderados también estuvo ligado a los conflictos existentes al interior de la elite, cuyas fracturas permitieron una mayor visibilización de los sectores subalternos en la medida en que los partidos políticos emergentes rivalizaban por lograr adeptos. Los integrantes del Partido Republicano demostrarían ser activos interlocutores, aunque aliados transitorios, del movimiento indígena. Los caciques apoderados también obtendrían el apoyo de los miembros de la naciente izquierda de Bolivia. Las organizaciones laborales, los partidos políticos de izquierda y los movimientos estudiantiles radicales, surgidos durante la década de 1920, no sólo defendían los derechos de los obreros sino que también proponían agendas pro indígenas. Particularmente el Partido Socialista reclamaba la abolición del pongueaje, el reconocimiento legal de las comunidades indígenas y la revolución armada por parte de obreros, soldados y campesinos (ibíd.: 95-96).

La experiencia política de Nina Quispe se remonta a la rebelión acontecida en 1920 en su lugar de origen, Taraqu. Los ayllus de la península de Taraqu habían sido embestidos en distintos momentos desde la realización de la revisita de 1882, pero la ofensiva culminó en 1907 de la mano del presidente Ismael Montes. Al comenzar la segunda década del siglo XX, la fractura que provocó el golpe de Bautista Saavedra y el ascenso al poder del Partido Republicano creó las condiciones para una radicalización de las propuestas comunarias en pos de la recuperación de los territorios usurpados. Los colonos indígenas impusieron su resistencia ante las "obligaciones de costumbre" y en varias comunidades procedieron a una recuperación de facto de sus tierras, reestructurando los ayllus. En 1921 los hacendados hicieron un primer intento de recuperar sus fincas con la utilización de un destacamento del regimiento Abaroa pero no lograron su objetivo. Esto dio lugar a la utilización de toda clase de violencias y amenazas contra los comunarios. La contraofensiva latifundista fue respondida, a su vez, por la presentación de varias solicitudes de amparo y denuncias a la Prefectura. Finalmente, en 1922 los hacendados de Taraqu lograron la reconquista de las fincas. La participación que Nina Quispe había tenido en estos sucesos lo obligó, una vez consolidada la hacienda, a migrar a La Paz (Mamani Condori, 1991: 73-81). "En la ciudad la vida de los indígenas era de continuas humillaciones: los que se habían dedicado al comercio no se libraban de su estigma de indios; peor aún les iba a los que vagaban en busca de ocupación para sobrevivir" (ibíd.: 127). Es en este contexto donde los expulsados (o "lanzados") de sus ayllus debieron establecerse. Es importante destacar de todos modos que, aun desposeídos, los "lanzados" continuaban considerándose comunarios y miembros de sus ayllus (ibíd.: 128). Basado en esta experiencia es que, una vez en La Paz, Nina Quispe inició la práctica educativa y legislativa que analizaremos en este capítulo.

El proyecto educativo de Eduardo Nina Quispe

Para comprender mejor el proyecto educativo de Eduardo Nina Quispe es necesario reconstruir el programa que las elites liberal y republicana desarrollaron en torno a este ámbito, y observar cómo se inserta en este contexto. En el transcurso de las dos primeras décadas del siglo XX, las políticas educativas atravesaron un importante proceso de experimentación, debate y cambio. "En los años inmediatamente posteriores a la guerra de 1899, los funcionarios del Ministerio de Educación apoyaron las políticas de asimilación civilizatoria, promoviendo la alfabetización e hispanización" (Gotkowitz, 2011: 103). En tanto la alfabetización era una condición que habilitaba el derecho al voto, su universalización a través de la educación pasó a formar parte de la política clientelar del partido liberal. La población indígena comenzó así a adquirir mayor prominencia dentro del juego político. Asimismo, la alfabetización permitió la expansión de las prácticas litigantes de los comunarios en pos de la restitución de sus tierras. Frente a esto, en las décadas de 1910 y 1920 un grupo de liberales disidentes comenzó a ver un peligro en esa concepción de la educación y a idear un proyecto alternativo. El indio letrado fue reinventado, entonces, como el "cholo advenedizo" y politizado, frente al que se oponía la figura del indio "auténtico" y telúrico, al cual la nación le reservaba el rol de soldado, minero y agricultor. Acorde a esta nueva concepción, los proyectos educativos no apuntaron más a la alfabetización universal sino que planificaron un modelo segregado de escolaridad rural que predicaba la educación del indio en su propio medio y contenía un currículo industrial cuyo objetivo central era el de entrenar la fuerza laboral rural. Específicamente el decreto ministerial de 1919 demandaba la conversión de las escuelas rurales en escuelas de trabajo agrícola y su reubicación en áreas rurales pobladas por "indios puros". Estas escuelas-trabajo serían apéndices de las escuelas rurales y ambos establecimientos coordinarían sus currículos en torno al entrenamiento en el trabajo manual (Larson, 2008: 122-140). La expansión de las escuelas a las áreas rurales no fue una tarea simple. Las elites provinciales se opusieron a la idea porque implicaba una afrenta a su autonomía y planteaba evidentes riesgos políticos. De modo que los mandatos del Estado nacional no pudieron enfrentar la oposición local que obstruyó la expansión de las escuelas más allá de las capitales de provincia (Gotkowitz, 2011: 104). Aun así, la nueva pedagogía rural ganó legitimidad por su capacidad de articular dos necesidades contradictorias de la elite letrada: por un lado, integraba a las masas indias al Estado nación modernizador como una fuerza laboral subalterna y, por otro, a través de la reproducción de las jerarquías raciales, espaciales y de clase, les negaba el poder de escribir, sufragar y, por tanto, la ciudadanía (Larson, 2008: 141-142).

En este marco es que Nina Quispe desarrolló su labor educativa en la ciudad de La Paz. Comenzó alfabetizando en su domicilio a los hijos de los matarifes y a medida que su obra fue extendiéndose acudió a la Municipalidad para solicitar un espacio más adecuado, consiguiendo que le cedieran un aula en una escuela nocturna de la ciudad. En 1928 se convirtió en director y preceptor de dicha escuela con sus primeros veintiún alumnos regulares. Al año siguiente tenía dos mil inscriptos. A principios de 1930 obtuvo la autorización para fundar escuelas en Surata, Quruyku y Pukarani (Choque Canqui, 2012: 98-101; Mamani Condori, 1991: 130). El Inspector de las Escuelas Municipales, que asistía a las pruebas finales de los niños instruidos por Nina Quispe, manifestaba en la prensa que "el éxito obtenido por este es rotundo, habiendo ya rendido examen dos comunidades con éxito halagador" (*El Norte*, 16-10-1929).

La experiencia de la escuela nocturna de indígenas impulsó a Nina Quispe a fundar en agosto de 1930, en el local de inspección Técnica de Instrucción Municipal, la Sociedad Centro Educativo "Kollasuyo" (Mamani Condori, 1991: 132). El centro desarrollaba una labor educativa desde las comunidades con una proyección a nivel cantonal, departamental y nacional (Choque Canqui y Quisbert, 2010: 63). En este sentido, a la par que obtenía autorizaciones para fundar escuelas en las distintas comunidades y haciendas, procedía a crear una filial de la Sociedad. "Inmediatamente después pasaba a reclamar por las tierras usurpadas o se constituía en defensor de comunidades que estaban siendo agredidas por los latifundistas" (Mamani Condori, 1991: 132). En cuanto al personal docente, trató de resolver su carencia con "el nombramiento de preceptores a los reservistas de la raza indígena" y con "la organización de escuelas normales para los indígenas". Esto significaba que los preceptores de la enseñanza "en las numerosas escuelas" del *qullasuyu* debían ser "todos indígenas" (Solicitud del establecimiento de escuelas, 1933, citado en Choque Canqui, 2012: 100).

La propuesta de Quispe giraba principalmente en torno a la alfabetización como medio para la obtención de los objetivos del movimiento indígena. En una entrevista que le realizaron en 1928 relataba:

> [...] visité varias casas, de mis compañeros, haciéndoles comprender el beneficio que nos aportaría salir del camino áspero de la esclavitud. Pasó el tiempo, y mi humilde rancho era el sitio de reunión del gremio de carniceros; estos acordaron

enviarme sus hijos para que les enseñara a leer [...]. Pienso en formar un centro cultural de indios y pedir a los intelectuales que semanalmente nos ilustren con su palabra. Quisiera también hacer una jira (sic) de propaganda por el altiplano y reunir a todos los analfabetos. A principios del año entrante lanzaré un manifiesto por la prensa para que vengan a mí todos los indios que deseen aprender a leer, así tendré la satisfacción de transmitirles mis pequeños conocimientos (*El Norte*, 28-10-1928, citado en Choque Canqui, 2012, Anexo 1).

Por otra parte, su proyecto se desprendía de su propia condición de alfabetizado, a la cual Nina Quispe le asignaba gran importancia. Ante la pregunta sobre la escuela donde había aprendido a leer respondió:

Desde pequeño me llamaba la atención cuando veía a los caballeros comprar diarios y darse cuenta por ellos, de todo lo que sucedía; entonces pensé en aprender a leer y mediante un abecedario que me obsequiaron, noche tras noche comencé a conocer las primeras letras; mi tenacidad hizo que pronto pudiera tener entre mis manos un libro y saber lo que él encerraba [...]. Considero que toda obra es a manera de una señora que relata con paciencia el por qué (sic) de las cosas, haciéndonos viajar a otros pueblos y enseñándonos el camino de la justicia y de la verdad. Yo quiero a mis libros como a mis propios hijos (ibíd.).

Una última actividad relacionada al ámbito educativo fue el Congreso de Indígenas organizado por Nina Quispe en 1930. En esta instancia, Quispe esperaba "buenos resultados para el futuro desenvolvimiento de las labores educacionales de la raza". Asimismo, en ocasión del Congreso habría una gran concentración de niños indígenas en La Paz con el fin de que pudieran concurrir a los desfiles cívicos del 16 de julio, coincidentes con la fecha de aquel. Para Quispe la concurrencia de los alumnos de las escuelas indigenales a la ciudad de La Paz era de gran importancia debido a que "las nuevas generaciones deben darse cuenta de todo lo que existe en nuestro territorio, y que es indispensable que los niños conozcan las ciudades para que despierten al conocimiento de la vida en sociedades organizadas" (*El Diario*, 6-6-1930). "Darse cuenta", "conocer", "viajar a otros pueblos", lo que Quispe buscaba obtener y brindar a través de los libros debía también materializarse en la experiencia concreta de sus alumnos en el ámbito urbano. En este sentido, si bien la actividad educativa de Nina Quispe anclaba y se encontraba habilitada por la maquinaria institucional del gobierno republicano, su labor y sus supuestos a la hora de pensar la educación indígena distaban enormemente de las propuestas contemporáneas de la elite letrada. Ante la idea de una educación rural que buscaba formar indios trabajadores en su "propio medio", Nina Quispe formaba indígenas alfabetizados que pertenecían tanto al ámbito rural como urbano, y a los cuales, por tanto, no se establecía un lugar predeterminado dentro de la nación. ¿Constituía entonces su proyecto educativo una propuesta asimilacionista que retomaba las ideas del liberalismo de comienzos de siglo? ¿O se constituyó como un proyecto alternativo tanto a estas últimas como a las de las elites republicanas? Para analizar en más profundidad las especificidades del proyecto de Nina Quispe es necesario ver cómo se articula su práctica educativa con su política en torno a la restitución de tierras comunales y a los derechos políticos y civiles, lo cual lo conduce, como veremos en el siguiente apartado, a elaborar también una propuesta de nación y de indianidad.

Tierra, autonomía y nación: Nina Quispe y la Sociedad República del Collasuyo

La práctica educativa de Nina Quispe estuvo acompañada de una intensa actividad dentro del ámbito legislativo. En esta, al igual que en la primera, se vislumbra un objetivo que es la mejora de las condiciones de vida de la población indígena al interior de la nación boliviana. En una solicitud enviada a la Cámara de

Diputados, la misma en la que celebraba la iniciativa de la Semana Indianista, comunicaba que: "Anhelamos que desaparezca por completo el trato brutal, el abuso y el atropello al indio, tanto de parte de algunos mestizos, de algunos afincados, de las pequeñas autoridades administrativas y de todos los que están acostumbrados a amasar fortunas con el sudor del indio. Queremos que haya más humanidad, más comprensión, más piedad para nuestra clase, si quiera por un sentimiento de egoísmo nacional" (BAH ALP/Solicitud de indígenas con informes. Caja 93. Informe 28). El acto de anclar su reclamo en un "sentimiento de egoísmo nacional" marca el modo en que Quispe fijaba al movimiento indígena no en oposición sino dentro y como parte del Estado nación. Su adhesión a la nación boliviana la manifestó cabalmente a raíz de la Guerra del Chaco cuando proclamó: "inculcaremos en las escuelas indígenas el deber de sacrificarnos por nuestra hermosa bandera nacional y por nuestra amada patria" (ALP/EP. Caja 136, "De los títulos...": 11). Asimismo, como hemos visto, participó de los desfiles cívicos del 16 de julio con sus alumnos y también, en ocasión del congreso indigenal, envió una carta de "aliento y felicitación a los generales [y] a los cadetes del colegio militar" (Mamani Condori, 1991: 132). Esta integración también implicaba el abandono de ciertas prácticas indígenas como la vestimenta típica. Al respecto opinaba que "sería mejor que desterráramos el poncho. Nuestro traje hace que los extranjeros nos miren con recelos y nos coloquen de inmediato la máquina fotográfica; además la diferencia de nuestro vestuario da lugar a que nos cataloguen en el plano de las bestias humanas" (*El Norte*, 28-10-1928, citado en Choque Canqui, 2012, Anexo 1). Quipe no sólo enmarcó su práctica educativa y legislativa dentro de la República, sino que también identificó el progreso del indio con el de la nación. En una nota, que tenía en el centro una foto de Nina Quispe junto a un avión (imagen 7), este ponía a conocimiento de la sociedad la fundación de una nueva asociación presidida por él: la Sociedad República del Collasuyo. Planteaba "que habiendo nosotros proclamado la República Collasuyo dentro de la constitucionalidad del país para velar por el progreso de la clase indígena, tanto del Altiplano, como de los valles y de los Yungas de nuestro territorio, nos hemos empeñado en la tarea de efectuar trabajos agrícolas y ganaderas (sic) para reconstruir nuestras fuerzas como valor positivo para la marcha progresiva de nuestra raza y de nuestra patria". Asimismo, sus reclamos por las tierras comunitarias se encontraban acompañados por una preocupación por los límites del territorio nacional: "Otro de los fines que perseguimos esencialmente es la integridad territorial por la que siempre reclamaremos esperando tener dentro de poco autonomía sobre Calama, Tocopilla, Mejillones y el pueblo de Antofagasta, así como hacer respetar siempre nuestra autoridad sobre los territorios del Chaco boliviano" (*El Diario*, 9-8-1930).

Imagen 7. *El Diario*, 9-8-1930.

Este fervor patriótico pareciera alimentar la idea de que el proyecto de Nina Quispe contenía un componente asimilacionista conducente a disolver la indianidad en el ser nacional. Pero al mismo tiempo que predicaba una indiscutida integración del indio a la nación, es posible ver en la práctica de Nina Quispe algunos aspectos que entran en conflicto con la idea de nación promovida por las elites y que encarnan una reivindicación de autonomía. Observar la labor y los supuestos de la Sociedad República de Collasuyo puede contribuir a analizar este aspecto. Para ello abordaremos el escrito de Nina Quispe denominado "De los títulos de composición de la corona de España". Este documento constituye una fuente fundamental para reconstruir el pensamiento de Nina Quispe, por lo cual ha sido analizado en profundidad en diversos estudios.[2] En este apartado haremos eco de lo postulado por ellos, pero focalizaremos especialmente en la articulación del discurso de Nina Quispe con el forjado por las elites, en particular con su visión folklorizada de la indianidad. En dicho documento se encuentran reunidos solicitudes de indígenas, proyectos de ley, debates parlamentarios, correspondencia y escritos de Nina Quispe en tanto presidente de la Sociedad República de Collasuyo, encabezados por una primera hoja que de un lado contenía el escudo de Bolivia y del otro una fotografía de Quispe vestido de traje[3] (imagen 8). En conjunto estos documentos abarcan un extenso período que se remonta a la época colonial y recorre lo acontecido en cuanto a la legislación indígena durante todo el período republicano. A lo largo del año 1932, este escrito acompañó diversos pedidos de alinderamientos y avivamiento de mojones con el fin de evitar usurpaciones de hacendados y también conflictos intracomunitarios enviados a los subprefectos de las

---

[2] Principalmente Mamani Condori (1991), Choque Canqui (2012), Choque Canqui y Quisbert (2006 y 2010) y Gotkowitz (2011).

[3] Nos referimos al traje asociado a las elites mestizo criollas compuesto por pantalón y saco de pana y camisa.

respectivas provincias (ALP/EP. Caja 346, 1932). La asociación entre estos pedidos y la legislación colonial se desprendía de los efectos de la ley del 23 de noviembre de 1883, que establecía que las "cédulas de composición conferidas por los visitadores de tierras" durante el coloniaje constituían las bases de probanza para evitar las continuas revisitas dispuestas por las leyes del 5 de octubre de 1874 y del 1° de octubre de 1880 (Choque Canqui, 2012: 72). De este modo, Nina Quispe anclaba la legitimidad de sus reclamos actuales en el arsenal de leyes coloniales y republicanas, y en sus propios escritos.

Imagen 8. ALP/EP. Caja 346, "De los Títulos de Composición de la Corona de España".

Más allá de la utilización de "De los títulos de composición de la corona de España" en la lucha legal, un análisis interno de este escrito permite profundizar en las ideas contenidas en la Sociedad República del Collasuyo. En uno de sus fragmentos Nina Quispe escribe: "La República de Bolivia está dividida en nueve departamentos que son: Chuquisaca, La Paz, Cochabamba, Potosí, Oruro, Santa Cruz, Tarija, El Beni y El Litoral. En las comunidades de la república, linderos o mojones se encuentra el Centro Educativo 'Collasuyo' de la América". La existencia de la Sociedad es puesta como parte integrante, pero diferenciada, al mismo nivel que las divisiones republicanas. Todas son parte de "nuestra patria Bolivia", la cual de todos modos es historizada: "antes se llamaba Alto Perú, tan solo desde el año 1825 tomó el nombre actual en homenaje al gran libertador de la América del Sud General Simón Bolivar" (ALP/EP. Caja 346, "De los títulos...": 1). Esta historización puede remontarse (y a la vez proyectarse) aún más si consideramos otro fragmento del escrito en el que se resalta "la admirable labor de Nina Quispe que silenciosamente está trabajando por la grandeza del Collasuyo, dedicándole todas sus atenciones y energías para su resurgimiento" (ALP/EP. Caja 346, "De los títulos...": 4). La referencia a Bolivia en tanto Collasuyo (denominación que la zona andina de Bolivia recibió dentro del Estado incaico) y Alto Perú (durante la colonia), produce una desnaturalización e historización de los límites del Estado nación dentro de los cuales se sitúa la Sociedad República del Collasuyo. Esta inserción, de todos modos, implica una circunscripción de la población indígena, ya vista en el ámbito legislativo, ahora en términos geográficos. Es posible, incluso, pensar en esta circunscripción también como un espacio de autonomía política. Gotkowitz ha mostrado cómo los caciques apoderados designaron autoridades cantonales y departamentales, fundaron escuelas imitando la estructura, sellos y órdenes del Ministerio de Instrucción, y promulgaron leyes, configurando incluso sus propios códigos legales (Gotkowitz, 2011: 142). También se constituyeron como interlocutores del poder central salteando a las autoridades estatales locales. Tal fue el caso de Pacajes, donde ante la malversación de la contribución territorial de los indígenas por parte del subprefecto, que había impedido que llegaran esos fondos al tesoro nacional "en estos momentos en que la Patria necesita más que nunca dinero para mantener a sus soldados y demás usos", los indígenas de la provincia encabezados por Nina Quispe resolvieron que "el segundo semestre de contribución será depositado por el Ilacata Tomás Surco, miembro de esta sociedad en el Tesoro de la administración" (ALP/PTD. Caja 37, 1932). Estas características que tomó el movimiento de caciques apoderados han conducido a Gotkowitz (2011: 142) a plantear que este instituyó "su propio Estado *dentro del Estado*". En este mismo sentido, Mamani Condori (1991: 151) plantea que Nina Quispe buscaba avanzar hacia la fundación de una "república india" teniendo como instrumento fundamental a la Sociedad Centro Educativo Collasuyo que se había insertado en los linderos y mojones del país.

Si bien podemos pensar como una paradoja la convivencia del anhelo de integración a la nación y la búsqueda de autodeterminación política, esta deja de serlo si observamos cuál es la propuesta de nación acuñada por Nina Quispe. Un fragmento de "De los títulos de composición de la Corona de España" se manifiesta en este sentido: "La República de Bolivia está dividida en nueve departamentos que son: Chuquisaca, La Paz, Cochabamba, Potosí, Oruro, Santa Cruz, Tarija, El Beni y El Litoral. Todos los bolivianos obedecemos para conservar la libertad. Los idiomas aimará y quechua, habla la raza indígena, el castellano, lo hablan las razas blancas y mestiza. Todos son nuestros hermanos" (ALP/EP. Caja 346, "De los títulos...": 5). Esta concepción de una Bolivia considerada como un todo pero donde claramente existe una diferenciación de diversos sectores, siendo el indígena, identificado con el habla aimara y quechua, uno fundamental,[4] nos permite volver sobre el interrogante acerca de si su propuesta de integración a la nación resulta un proyecto asimilacionista. En contraposición a esto último, en el planteo de Nina Quispe existe una clara delimitación de la indianidad, pero a diferencia de la noción construida por la elite, esta no es folklorizada. El rechazo del poncho que convierte al indio en una postal ante los extranjeros y en "bestias humanas" ante los bolivianos, se oponía al énfasis que los bailes organizados por el Estado y las elites letradas ponían en la necesidad de que las tropas de bailarines indígenas concurran con sus trajes típicos. La fotografía de Nina Quispe con la vestimenta habitualmente asociada a las elites mestizo criollas, así como la que lo presenta posando junto a un avión, contrastan con las fotografías folklorizantes de indígenas junto a Tiwanaku que, como hemos visto en los capítulos anteriores, circulaban en el período. El sentido del progreso y la incursión al mundo urbano iban a contrapelo del estereotipo del indio rural y anclado en el pasado. Y el acceso a la alfabetización disputaba el destino prefigurado del indígena como trabajador manual y potenciaba su agencia política. Como ha planteado Gotkowitz (2011: 134), la incorporación a la nación boliviana no era una preocupación abstracta, no ser considerados bolivianos conllevaba consecuencias tangibles. La incorporación significaba el acceso a las instituciones públicas y el idéntico amparo ante la ley. Significaba, también, el derecho a cruzar las fronteras y participar del comercio a larga distancia. En este contexto, la propuesta de Nina Quispe logró postular la integración a la nación sin caer en un proyecto asimilacionista. Lejos de resultar disolvente de la indianidad forjó una noción de esta que se opuso a su folklorización, abriendo a la población indígena, como tal, la posibilidad de reclamar por derechos civiles, tierras

---

[4] Esta visión ha llevado a Mamani Condori (1991: 152) a hablar de un *pachakuti* que implicaba el retorno del Qullasuyo, y a Gotkowitz (2011: 87) de "una visión de armonía intercultural".

y autonomía política.[5] Esta noción implicaba un cuestionamiento a las bases de la estratificación social colonial vigente en Bolivia que convertía la diferencia en jerarquía, así como a los preceptos del liberalismo para los cuales la eliminación de esta última requería una negación de la diferencia cultural. Subyacía, así, un contenido ideológico que postulaba la igualdad de derechos en la diferencia cultural, y que aun cuando no resultaba del todo explícito se traducía en las prácticas educativas y legislativas. En este sentido, su participación en la maquinaria legal, educativa, e incluso ritual de la elite gobernante gestaba un profundo cuestionamiento de su sistema de dominación.

Espejismos de la folklorización. El discurso de la elite en torno a la Sociedad República del Collasuyo

En este apartado nos proponemos analizar los modos en que la elite liberal recibió las propuestas y actividades de Nina Quispe. Como hemos visto en los apartados anterio-

---

5 Esta interpretación nos conduce a revisar algunas proposiciones acerca del rol de la población indígena en el proceso de conformación de la nación. En sus estudios sobre esta problemática, Irurozqui (2000) plantea que los objetivos indígenas no eran de resistencia sino de contribución activa al proyecto nacional. Para la autora, su reclamo no aspiraba a transformar los diseños nacionales de la elite y los criterios de delimitación de la ciudadanía, sino ser admitidos dentro de esta, tal como estaba definida. Por otra parte, plantea que los conflictos frente al Estado se desprendían de su defensa de las tierras más que de su reconocimiento como indígenas, por lo cual "si la mantenían no se negarían a integrarse a la nación" (ibíd.: 360). Todo esto la conduce a afirmar que "los indios no querían ser tales, sino ciudadanos bolivianos" (ibíd.: 379). Y efectivamente, para Irurozqui, las prácticas electorales funcionaron como un elemento de politización y democratización de la sociedad boliviana entre 1880 y 1925, dando participación política a sectores que formalmente estaban excluidos por el voto censitario y forjando sentimientos de pertenencia nacional. La reconstrucción de la práctica política de Nina Quispe, sin embargo, demuestra que indianidad y ciudadanía no sólo no son categorías excluyentes sino que, en este caso, la búsqueda de la obtención de la ciudadanía está estrechamente ligada a la reproducción, material y subjetiva, de la indianidad.

res, las actividades de Quispe se encontraban en constante articulación con la elite letrada y con diversos mecanismos institucionales. De hecho, estaban absolutamente imbricadas en la maquinaria legal y educativa liberal, de modo que eran bien conocidas por aquella.

Las primeras repercusiones de sus actividades que encontramos en la prensa son muy positivas. En 1929 el periódico *El Norte* presentaba a Nina Quispe como "un indio que ha sabido querer a los de su raza, un indio comprensivo, que concibe que la independencia de sus compañeros solamente podrá conseguirse a base de estudio y civilización". Y frente al éxito de los niños de la escuela indigenal en los exámenes rendidos ante el inspector de Instrucción de las Escuelas Municipales, planteaba que "Eduardo Nina Quispe ha obtenido un resultado que muchos que decían preocuparse del 'problema del indio' no han podido conseguir hasta hoy". El propio inspector proponía organizar un desfile con los alumnos indígenas "como una demostración del civismo de esta raza que ingresa a la civilización" (*El Norte*, 16-10-1929). En esta misma línea *La República* publicaba en 1930 que "con maestros como Nina se puede esperar la patria nueva" (*La República*, 7-12-1930). No sólo Nina Quispe era elogiado, sino que incluso la Sociedad República del Collasuyo era bien admitida. Al respecto, la prensa planteaba que "los componentes de la República indígena Collasuyo [...] son en su totalidad indígenas que con un noble entusiasmo se preocupan por el adelanto de la instrucción indigenal en Bolivia" (*La Razón*, 27-12-1931). Todo esto conducía a afirmar que "son los indígenas quienes mayormente se interesan por la resolución en forma práctica del viejo problema indigenal" (*El Diario*, 18-5-1932).

Sin embargo, a partir de octubre de 1932, en un brevísimo lapso, las referencias a Nina Quispe cambiaron por completo. El 31 de octubre el diario *Última Hora* anunciaba que la Prefectura había hecho abortar una sublevación indigenal que tenía como objetivos inmediatos "Guaqui, Tiahuanacu, Viacha, Jesús y San Andrés de Machaca,

Caquiaviri y Puerto Acosta" pero que incluso planificaba "marchar luego sobre la ciudad de La Paz y pasar a degüello a los blancos, establecer un gobierno de carácter comunista, cuya primera medida fuera la reversión de la totalidad de las tierras a los indios, sus primitivos poseedores" (*Última Hora*, 31-10-1932). Esta noticia dio inicio a una serie de publicaciones, informes y denuncias que derivarían en el posterior enjuiciamiento de Nina Quispe. Reconstruyamos el recorrido que condujo a aquel desenlace. La misma nota a continuación, en un apartado llamado "Acción comunista", planteaba que "no pueden atribuirse estas actividades de la población indígena del Altiplano a otra cosa que a la labor subversiva que vienen efectuando entre los indios ciertos elementos extremistas y agitadores". Y argumentaba que "no cabe, frente a la amenaza de una sublevación que tendría funestas consecuencias en este momento, otra cosa que obrar con rapidez y decisión. No basta que el movimiento subversivo haya abortado. Es necesario además verificar sus causas y orígenes y sancionar ejemplarmente a los agitadores" (*Última Hora*, 31-10-1932). Cinco días más tarde, en una publicación de *La Razón*, Nina Quispe aparece como uno de esos agitadores:

> [...] el subprefecto de Pacajes recibió denuncia escrita y fundada en declaraciones juradas de tres testigos, que los indígenas Paulino Bonifacio, Rufino Vargas, Jenaro Bonifacio y otros muchos agentes de un indígena apellidado Nina Quispe, se habían reunido en una estancia en la región de Calacoto de Pacajes, y allí habían acordado la sublevación con tendencias comunistas, haciendo su propaganda mediante volantes impresos y en los cuales, se hacía saber que toda la clase indígena se encontraba lista para la sublevación general, que ellos poseían gran cantidad de armas, y que en cuanto se diera el grito de alarma todos estaban en la obligación de organizarse y pasar a degüello a los blancos, para así apoderarse de todas las tierras que constituían fincas que en esa forma había ordenado su presidente Nina Quispe (*La Razón*, 5-11-1932).

A comienzos del año siguiente la acusación se agudiza, y ya no sólo Quispe es denunciado como agitador sino que toda su labor, antes celebrada, es convertida en blanco de ataque. Es la Legión Cívica la que identifica a la "República de Collasuyo" como una "sociedad indigenal que, conservando las formas legales en apariencia, se hallaba entregada a una intensa difusión de doctrinas disolventes comunistas". Es por esto que la Legión Cívica, "creada como una institución puesta al servicio [...] de la paz pública interna del país y con el fin de levantar el espíritu cívico ciudadano alrededor de [...] la defensa del sudeste ante el invasor guaraní", considerando a la República de Collasuyo peligrosa para la nacionalidad, decidió denunciarla ante las autoridades. En función de ello comisionó al legionario Nicolás Montes de Oca para "recoger los pormenores necesarios y vigilar de cerca las actividades de la indicada sociedad presidida por Nina Quispe". Como resultado de sus pesquisas el legionario habría obtenido "datos que son enteramente comprometedores para las sospechosas actividades de Nina Quispe y sus secuaces", los cuales se elevaron al Fiscal del Distrito para "iniciar un sumario respectivo y determinar el grado de culpabilidad de los acusados" (*El Diario*, 16-3-1933).

Confluían, en estas publicaciones, dos acusaciones que no eran nuevas sino que retomaban motivos ya utilizados por la elite a la hora de deslegitimar las movilizaciones indígenas: la guerra racial y el comunismo. La orden supuestamente dada por Nina Quispe de "pasar a degüello a los blancos" tenía dos implicancias. Por un lado, desdibujaba al enemigo concreto que podía tener una movilización indígena en reclamo de sus tierras: ya no era el hacendado sino la población blanca en su totalidad. Frente a esta se colocaba al indígena al cual, a través de una circunscripción racializada, se lo presentaba claramente diferenciado de la "raza blanca" y a la vez indiferenciado a su interior. Esta racialización, que proponía al color como diacrítico, albergaba el salvajismo de la raza indígena, condensado en su propósito de practicar el degüello. Lejos de las concepciones de racismo culturalista que comenzaban a ser hegemónicas a principios del siglo XX, se retomaba un motivo típico del pensamiento decimonónico cuyo mayor exponente había sido el proceso Mohoza tras la rebelión de 1899.

Por otra parte, la asociación entre comunismo y sublevaciones indigenales tampoco era nueva. La rebelión de Chayanta acontecida en 1927 "fue la primera mención de una tentativa de revolución específicamente comunista en la historia boliviana, e indica una preocupación creciente entre la clase alta por un potencial ascenso de un radicalismo a ultranza de la extrema izquierda" (Klein, 1969: 91, citado en Hylton, 2011: 132). De hecho, como lo ha demostrado Hylton, en este caso la temida alianza entre caciques, artesanos urbanos e intelectuales del Partido Socialista no fue mera proyección ni paranoia de la elite criolla, sino que la rebelión de Chayanta articuló efectivamente a dichos sectores (Hylton, 2011: 133). Asimismo, esa acusación fue repetida en sucesos menores luego de aquella rebelión. En la correspondencia mantenida entre el prefecto de La Paz y los subprefectos e intendentes, encontramos alertas sobre la necesidad de tomar "medidas sagaces [para] descubrir propagandistas [del] comunismo" así como de ejercer "estricta vigilancia para evitar [el] ingreso al territorio de elementos comunistas", especialmente "procedentes [de la] República [del] Perú, sean prófugos o deportados" (ALP/P-TD. Caja 36, 1931). Esta correspondencia pone en evidencia, también, que el comunismo podía servir de etiqueta en situaciones en que los acusados no estaban vinculados con actividades comunistas. Tal es el caso del presidente municipal de Coripata, quien exigía al prefecto de La Paz una sanción correspondiente por calumnia contra José María Gamarra por haber denunciado actividades comunistas en su pueblo (ALP/P-TD. Caja 36, 1931).

¿Ahora bien, qué nos dicen los expedientes de la Prefectura sobre lo que pasaba en los alrededores de La Paz en el momento en que la prensa describe el intento de aquella gran sublevación y el despliegue de actividades comunistas por parte de las organizaciones indígenas? 1932 era, en efecto, un año de conflictividad social. Un intenso intercambio de correspondencia a lo largo del mes de marzo informa sobre una sublevación indígena en las fincas de Caluyo y Capiri (ALP/P-TD. Caja 37, 1932). En los telegramas, los subprefectos y corregidores pedían mayor asistencia militar en sus zonas. El corregidor Pedro Sanagua argumentaba que convendría "tener una fuerza permanente en este cantón para lo cual estamos preparando alojamiento". Comunicaba que los "colonos de Capiri se han declarado comunistas" y alertaba que a raíz de la proximidad de la celebración de la invención de la cruz "existen rumores muy acentuados y públicamente propalados que esperan esta fecha para una sublevación general" (ALP/P-TD. Caja 37, 1932). Es en ese contexto que aparecen las comunicaciones acerca de los intentos de la sublevación indigenal a la cual nos referimos anteriormente. El subprefecto de Viacha envió el 29 de octubre de 1932 un telegrama al Prefecto de La Paz donde planteaba:

> Ayer informé ampliamente a Mingobierno asuntos preparativos sublevación indigenal. Caso serio, merece atención poderes públicos para conjurar cualesquier conato subversivo mediante armas con expresa autorización escrita hacer uso caso necesario determinado acción civil o militar para deslindar responsabilidades. Amago de ataque no solo tiende a pueblos Jesús y San Andrés Machaca, Guaqui, Tiahuanacu y Viacha, tiene proyecciones para atacar La Paz. Una palabra arrastra pueblos altiplano asegurándose constante cambio comunicaciones de extremo a extremo y cabildos celebrados sin que pueda encontrarse prueba evidente, por reserva y solidaridad que guardan (ALP/P-TD. Caja 37, 1932).

El subprefecto también reproducía alertas de sublevación enviadas por el corregidor de Jesús de Machaca y el intendente de Guaqui junto a sus solicitudes de armamentos para prevenir el conflicto, y expresaba que se encontraba "en activas pesquisas [para] precisar cabecillas, sitios, cabildo[s] y otros detalles" (ALP/P-TD. Caja 37, 1932). Dos días después, el intendente de Guaqui habiendo recibido el armamento y carabineros solicitados, viaja a Jesús de Machaca para corroborar las versiones sobre el levantamiento (ALP/P-TD. Caja 37, 1932) y declara que el "vecindario hallase completamente tranquilo" (ALP/P-TD. Caja 37, 1932). Por otra parte, el subprefecto Sosa envía a requisar casas indígenas en busca de armamentos descubriendo "solo dos cacerinas mausser en cambio, contrabando de 56 pieles vicuña, lana madejas" (ALP/P-TD. Caja 37, 1932). El descrédito de una efectiva existencia de planes de sublevación indigenal que provocan estos informes, se profundiza con una publicación del periódico *Última Hora* que exponía que si bien "informaciones recogidas en la Prefectura del Departamento y en el Ministerio de Gobierno nos permitieron dar noticia al público de un vasto movimiento indigenal que estaría preparándose en el altiplano [...] para aprovechar la oportunidad favorable de encontrarse en La Paz sin su guarnición regular y sin fuerzas de policía lo mismo que los pueblos de la altiplanicie", sin embargo "personas llegadas de diversos puntos del altiplano, a las cuales hemos interrogado a este respecto, se muestran sorprendidas de la noticia y nos aseguran que en esa región agrícola no han advertido ningún motivo ni actividades de los indígenas que pudieran ser motivo de alarma, reinando por el contrario una tranquilidad que nada induce a suponer pueda alterarse" (*Última Hora*, 8-11-32).

Aun así, el proceso en contra de los cabecillas de la supuesta sublevación continuó. El primer documento de la Prefectura que establece una relación entre los intentos de sublevación y Eduardo Nina Quispe es un telegrama enviado por el intendente de Guaqui el 14 de noviembre de 1932. Este no se basa en la atestiguación de hechos probatorios de dicha vinculación sino en la "carta publicada en el diario *La Razón* por Francisco Mendoza C. cuyo recorte me permito enviar a Ud. [y que] expresa que varios indígenas agentes de otro igual apellidado Nina Quispe, se habían reunido en una estancia de la región de Calacoto provincia Pacajes, para acordar la sublevación con tendencias comunistas" (ALP/P-TD. Caja 37, 1932). Curiosamente el artículo al que se refiere el intendente es, también, la primera mención que hemos encontrado en la prensa al respecto. En función de ello es que este comienza a realizar averiguaciones y envía la siguiente información: "el indígena Eduardo Nina Quispe reúne constantemente a los principales mandones de varias provincias del Departamento. El indígena Eduardo Nina Quispe vive actualmente en la región de Caja del Agua, Calle Laja, casa que fue del Cura Rosilló. Con estos datos posiblemente puede la policía de seguridad investigar y capturar al indígena Quispe en el momento mismo que tenga su reunión" (ALP/P-TD. Caja 37, 1932). La segunda referencia a Nina Quispe se encuentra en un escrito del subprefecto de la provincia de Omasuyus en la cual expresaba: "paréceme indispensable establecer una estricta vigilancia sobre Santos Marca Tola y también un Nina Quispe, Profesor de Escuelas Indigenales, los cuales ejercen una poderosa influencia sobre los comunarios del Departamento, por lo que yo he podido apreciar" (ALP/P-TD. Caja 108, 1932).

Nina Quispe continuó con su práctica legal y desmintió dichas acusaciones. En un memorial en el cual denunciaba los abusos cometidos por el corregidor del cantón de Ayo Ayo, Nicacio Herrera, declaraba que "en mi calidad de representante legal por los indígenas comunarios de este departamento, tengo mandato especial para reclamar por los abusos que sufran mis mandantes de parte de autoridades cantonales [...] atentados que cuando son denunciados y reclamados dan lugar a que se nos llame comunistas, no siendo sino más que la impotencia de estas autoridades abusivas al no poder justificar su conducta" (ALP/EP. Caja 346, 1933). Asimismo, en *El Diario* publicó una nota en respuesta a las acusaciones vertidas en ese periódico arguyendo que "una sociedad como cualquiera otra, que se desenvuelve dentro de las leyes existentes con fines altamente educativos de la raza indígena no puede ser materia de afán sensacionalista". Utilizaba la ocasión "para hacer pública profesión de la fe patriótica, inspirado por un alto y elevado ideal nacionalista de la Sociedad que me honro en presidir", y acusaba a "algunos señores que han amasado fortuna con las lágrimas y el sudor de los indígenas, [que] hacen frecuente uso de la sindicación de comunistas a todos los que reclamamos dentro de las leyes vigentes a las autoridades constituidas de los mil atropellos que a diario cometen en los lugares alejados de la acción de las autoridades superiores" de haber "sugerido y sorprendido la buena fe de algún cronista para mover a la policía contra pacíficos ciudadanos" (*El Diario*, 24-3-1933).

Aun así, a pesar de las incertidumbres en cuanto a la sublevación y a la participación de Quispe dentro de ella, se inició un juicio en su contra. El 20 de abril de 1933 fue capturado bajo la sindicación de "explotar a los indígenas del altiplano" (*El Diario*, 21-4-1933 y 7-5-1933). Se argumentaba que si bien "el fiscal del distrito, en su reciente viaje [...] tuvo oportunidad de comprobar que no existe conato de sublevación indigenal como equivocadamente informó un diario local [...] empero pudo comprobar que el indígena Eduardo Nina Quispe, aprovechando de su relativa instrucción explotaba a los indígenas haciéndoles creer que pronto serían dueños de las haciendas. Para decirles esto les cobraba dinero para gastos de propaganda". El acusado habría manifestado que "era en efecto Eduardo Nina Quispe [...] y aun le entregó al señor Nogales dos de los folletos que ha mandado editar con el dinero que exacciona a sus compañeros" (*El Diario*, 21-4-1933). Como muestra este fragmento, ante la detención, Nina Quispe (en consonancia con los efectos que su práctica había tenido hasta ese momento) mostró su documentación como probatoria de la constitucionalidad de sus acciones. Pero una vez detenido, son esas mismas actividades las que resultan suficientemente peligrosas y, de hecho, ya no parece ser necesario vincularlas a los espectros del comunismo o de la guerra racial para ello.

Ante la falta de pruebas Nina Quispe fue liberado por orden del juez Carpio, pero rápidamente fue detenido y puesto esta vez a disposición de autoridades militares. Se inició así una nueva etapa que se prolongaría por un largo tiempo. Las acusaciones vertidas en la prensa sumaban a la sindicación de "explotación de los indígenas" nuevamente la tentativa de sublevación (*El Diario*, 5-6-1933 y 10-10-1933). El juicio se prolongó por más de seis meses. Los defensores de Quispe reclamaron la falta de indicios y la necesidad de resoluciones, ante lo cual fueron enviados pedidos de averiguaciones, informes y documentos a las provincias (ALP/P-TD. Caja 116, 1933). Ya en noviembre de 1932 los documentos del archivo de la Sociedad Collasuyo habían sido requisados, incluyendo su correspondencia oficial, sin haber conseguido papeles comprometedores que demostraran algo en su contra (Choque Canqui y Quisbert, 2010: 83-84). Fue nuevamente la Legión Cívica quien remitió "algunos documentos al fiscal del distrito sobre las actividades delictivas que ejerce el indígena Eduardo Nina Quispe" (*El Diario*, 26-4-1933). Finalmente, en mayo de 1934 terminó el proceso declarándose insuficientes los indicios de culpabilidad por lo cual el fiscal militar requirió la absolución. Según él, la sentencia debía dictarse dentro del plazo de una semana, pero Nina Quispe recién pudo abandonar la cárcel en 1936 (Mamani Condori, 1991: 136-137).

Si al comienzo las actividades de Nina Quispe habían sido bien recibidas, en consonancia con la incorporación simbólica de la población indígena que se desplegaba en estos años, a partir de 1932 las mismas actividades son percibidas de otra manera; se convierten en peligrosas, y se relacionan con el comunismo y con la organización de sublevaciones sumamente amenazantes para La Paz. ¿Cómo explicar tal viraje? En primer lugar, es necesario tener en cuenta que este viraje coincide con el ingreso de Bolivia a la Guerra del Chaco. Como desarrolló Mamani Condori, retomando el trabajo de René Arce, al interior de ella se desató una "guerra interna" que opuso no sólo a terratenientes y campesinos, sino que además se encontraba atravesada por la estructuración colonial de la sociedad boliviana (Mamani Condori, 1991: 97). El Estado y el Ejército se volvieron "guardianes del interés nacional", recrudeciendo las presiones sobre la población indígena a través del reclutamiento forzado, las colectas igualmente forzadas que tuvieron que sufrir mujeres, ancianos y niños comunarios, la intensificación de la usurpación de tierras y el establecimiento de una fuerza represora llamada Legión Cívica (ibíd.: 100-102). La Legión Cívica fue creada en julio de 1932 por un decreto supremo del gobierno de Salamanca "con el fin de hacer frente a la emergencia nacional y velar por el orden interno". Según su reglamento tenía "autonomía en sus funciones e iniciativas [...] dentro de sus actividades tendientes al mantenimiento de la tranquilidad y el orden público en momentos de guerra" (informe del tcnl. Zegarrudo, 26-2-1934, citado en Mamani Condori, 1991: 113). "En palabras de su comandante, durante la guerra la Legión se ocuparía de reprimir a 'comunistas' y 'derrotistas' que buscaban 'fines inconfesables precisamente en un caso de guerra internacional'." De este modo, ante la situación de guerra externa que había comprometido a casi la totalidad de su fuerza militar, la Legión adquiría las funciones asociadas normalmente a las guarniciones y regimientos militares, y su estrecho vínculo con los terratenientes y vecinos la convirtió en un "instrumento de opresión colonial sobre los indios" (Mamani Condori, 1991: 113 y 114).

Como hemos visto, fue justamente la Legión Cívica la que cristalizó la identificación de la Sociedad República de Collasuyo y el comunismo, y quien brindó el material probatorio para culpabilizar a Nina Quispe como instigador de la sublevación. Por otra parte, Nina Quispe fue liberado recién al terminar la guerra, en una coyuntura política distinta, el socialismo militar de Toro y Busch (Mamani Condori, 1991: 139). Esto conduce a argumentar (junto con Mamani Condori) en favor de que la necesidad de control interno recrudeció y convirtió en peligrosas actividades que antes el Estado podía aceptar e incluso incentivar. Pero es necesario tener en cuenta, también, que los modos de integración del indio dentro de la nación boliviana albergaban la posibilidad de este cambio. La representación folklorizada, que hemos visto forjada detalladamente en los capítulos anteriores, admitía al indígena en su condición de "indio autóctono" y excluía los reclamos que se desarrollaran por fuera de los límites impuestos por aquella. Esta dimensión es la que permitió que, ante el creciente control interno provocado por la situación de la guerra y la concomitante agudización de los conflictos sociales, aparecieran las imágenes del indio "comunista", "explotador" y "salvaje" protagonista de una "guerra racial". Estos estereotipos no son excepciones ni desviaciones del proceso de folklorización del indio; funcionan como la contracara del "indio autóctono", y son constitutivas de la noción de indianidad que determina la incorporación del indígena a la nación boliviana a comienzos del siglo XX.

Conclusiones

Más allá de las múltiples implicancias de la folklorización tanto del indio como de determinadas expresiones culturales que hemos visto a lo largo de los diferentes capítulos, el análisis de la Sociedad República del Collasuyo pone en evidencia un tema subyacente pero protagonista del proceso de construcción de la nación y la indianidad en Bolivia que es la disputa por la agencia política indígena. El proyecto de nación de Eduardo Nina Quispe, desglosado en su práctica educativa y legislativa, expresa los límites del proyecto de las elites de volver hegemónica una noción folklorizada del indígena como único medio de ser incorporado a la nación. Manteniendo un discurso integracionista Quispe logró, sin embargo, plantear una noción alternativa de indianidad y, por tanto, de nación, en la cual la población indígena, como tal, adquiría derechos civiles a la vez que se convertía en un sujeto político dentro del Estado boliviano. Si bien las elites en un comienzo interpretaron la actividad de Nina Quispe como reproductora de la representación folklorizada del indio, ante la agudización del control social que provocó el inicio de la Guerra del Chaco, estas adquirieron un halo de peligrosidad. Este vuelco revela la contradicción latente entre la complejidad de la práctica de Nina Quispe y la dualidad que contenía la imagen de indianidad folklorizada elaborada por las elites. Si la práctica de Quispe tenía una arista de integración que, por tanto, podía ser vista como funcional al proyecto de nación de las elites, al mismo tiempo albergaba consecuencias que, además de constituirse en un reclamo de autonomía, colocaban a la población indígena como interlocutor con el mismo status que las elites a la hora de definir el Estado nación. Por otra parte, la imagen de "indio salvaje" que funcionaba como contracara de la de "indio autóctono" (y que antes tan sólo aparecía soslayada en expresiones tales como el discurso de Salmón en la Semana Indianista y en el argumento de *Supay Marca*) se desvela ante las tensiones provocadas por la guerra. Es esta imagen la que, a la hora de deslegitimar la práctica de Nina Quispe frente al peligro que representa en el nuevo contexto de conflictividad social, reaparece, a la par de la acusación de comunismo. Estos elementos, aun cuando se presentan como opuestos a la imagen del "indio autóctono", resultaban constitutivos del discurso folklorizante de la elite, en tanto permitían remarcar los límites dentro de los cuales se admitía la participación indígena dentro de la nación, albergando, de este modo, los elementos para neutralizar las prácticas que los desafiaran.

Conclusiones

¿Cómo repensar el problema de la construcción de la identidad nacional boliviana a comienzos del siglo XX a la luz de las reflexiones y análisis desplegados a lo largo del libro? ¿Cómo definir la noción de indianidad forjada en dicho contexto? ¿De qué manera entender la articulación entre ambos conceptos?

Las tres primeras décadas del siglo XX constituyen un período en que el despliegue de distintas discursividades y prácticas culturales confluyeron en la conformación de nociones de indianidad y nación que, en consonancia con el contexto regional y a partir de la reconfiguración de las relaciones de fuerza entre los distintos sectores sociales al interior de Bolivia, buscó la integración del indio dentro de la nación. Pero lejos de perseguir un enfoque asimilacionista, las políticas culturales emprendidas por la elite reforzaron y reconfiguraron la indianidad, como expresión de un proceso que buscaba integrar algo que en definitiva era inasimilable. Inasimilable en tanto lo indio era definido a través de una racialización del componente indígena que, aun sirviéndose de una noción de raza culturalista e influenciada por el medio ambiente y, por tanto, mucho más flexible que la noción biologicista predominante durante el siglo XIX, continuaba estableciendo diferencias de naturaleza entre los indígenas y la elite mestizo-criolla imposibles de subvertir. De este modo, aun en este movimiento de integración, continuaron estableciéndose las jerarquías que reproducían la estructura colonial de la sociedad, opacada tras el nuevo discurso. Se definió, así, una representación de indianidad compuesta de imágenes, sonidos, vestimentas, monumentos, ruinas, rituales. El indio resultaba musicalmente melancólico, portador de prácticas culturales intactas a lo largo de los siglos tales como la vestimenta y los bailes, cantera de motivos decorativos pasibles de ser convertidos en símbolos nacionales, y en una vinculación inescindible con la altipampa. Esto prefiguraba su rol al interior de la nación a la vez que lo colocaba en un lugar y un tiempo determinado. Si el lugar era el ámbito rural, que funcionaba como garante de la reproducción de la indianidad en tanto lo urbano la corrompía y corroía, una noción de tiempo que permitía externalizar al sujeto de las prácticas representacionales indigenistas de su objeto, el indio contemporáneo, habilitaba la operación de fijar a este último en un tiempo pasado. De este modo, podía ser concebido como la raíz, el origen remoto que dota a la nación de un pasado ancestral, pero desligado de la modernidad propia de la elite. Esa raíz no se encontraba fundida en el todo de la nación; la homogeneidad se forjaba al mismo tiempo en que la marcación racializada redefinía las identidades sociales y jerarquizaba a los sujetos englobados en ella.

En la construcción de estas representaciones entraron en juego un conjunto de actores sociales. Se articularon iniciativas del ámbito privado, la intervención estatal y el accionar de instituciones académicas, cada una con una impronta particular. Si la iniciativa de las elites nucleadas en instituciones tales como Amigos de la Ciudad y las políticas culturales configuradas desde el Estado boliviano pudieron perseguir un programa de construcción de motivos homogeneizantes en función de las necesidades de forjar y proyectar una determinada representación de nación desde La Paz, el carácter intencional de otros actores, tales como los compositores, debe ser matizada. La inserción de estos últimos en el mundo indígena, resaltada en la declaración de querer "rescatar lo propio", imbrica múltiples sentidos que abarcan la búsqueda de la creación artística, la pertenencia y aporte a una estética y la experiencia de vida. Aun así, sus composiciones contribuyeron también a forjar una idea reificada de lo indígena como elemento folklórico. En este sentido, lo folklórico no puede verse como algo dado, que se rescata a través de la recolección de objetos y prácticas inertes, sino que es resultado de un proceso de folklorizacion que designa determinadas expresiones culturales como tal, dotándolas, en ese mismo momento, de connotaciones específicas. La folklorización, por tanto, hace a la conversión de expresiones culturales indígenas en folklore nacional pero es una operación que la excede, y que permite integrar y fijar como diferente a la vez. Es por esto que esta representación folklorizada no elimina ni se contrapone a la visión de indio decimonónica, sino que la reconfigura a su interior. El indio, así, también es potencialmente salvaje, y esta dualidad constituye el dispositivo para neutralizar la agencia política indígena y marcar los límites de su accionar dentro del Estado nación. De esa doble operación, que integra y marca como distinto, deviene una incorporación paradójica de unas prácticas representacionales que, como plantea Rossells (2004), buscan "representar lo ausente".

Sin embargo, el indio está allí, presente, no como elemento folklórico, sino disputando las mismas representaciones de nación e indianidad que la elite busca definir. Como hemos visto, en el pensamiento y la práctica de Nina Quispe la folklorización es desafiada en cada uno de sus componentes. Aun compartiendo la integración de la indianidad dentro de la nación boliviana, así como su marcación racializada, esta se invierte en el proyecto de Quispe, habilitando la agencia política indígena. Su íntima articulación con el proyecto de las elites presente, por ejemplo, en su participación durante la Semana Indianista, quizás una de las más sorprendentes, deja de serlo si se la concibe como parte de un proyecto alternativo de nación que no elimina la indianidad, aunque la redefine.

Esta cuestión nos inserta en la discusión historiográfica en torno a la voluntad de inclusión o no del indígena dentro de la nación y de la hegemonía de las representaciones elaboradas por las elites liberal y republicana. En cuanto a esto último, frente a las visiones que enfatizan la indefinición de la representación de nación –ya sea por disputas y divisiones intraelites (Irurozqui, 2000; Sanjinés, 2005) o por una estructura social signada por el colonialismo interno (Qayum, 2002)– y, por ende, la imposibilidad de implantar una representación hegemónica de nación e indianidad, sostenemos que las prácticas culturales desplegadas desde distintos sectores en vinculación con el Estado confluyen en una folklorización del indio que funciona como piedra de toque de una representación indigenista de nación que logra articular a su interior los discursos disidentes. Una representación no exenta de tensiones que se expresan tanto al interior del propio discurso como desde proyectos alternativos tales como el de Nina Quispe. Estos últimos son muestra de la participación que los sectores subalternos tuvieron en el proceso de construcción de la nación, pero a diferencia de lo postulado por algunas interpretaciones historiográficas que han planteado que ella conducía a una disolución de la indianidad en pos de la obtención de la ciudadanía (Irurozqui, 2000), el análisis del pensamiento de Quispe permite ver que no sólo no buscan disolver la indianidad sino que la afirman de una forma radicalmente distinta. Si efectivamente la presencia de los sectores subalternos incide en el discurso de la elite, esta no se reduce a su potencial conversión en cholo o al "asedio del indio" encarnado en la rebelión de Zárate Willka y las grandes sublevaciones del siglo XX, sino que se manifiesta a través de un accionar que disputa de manera mucho más minuciosa los modos de intervención del indígena dentro del Estado nación. La folklorización del indio, por tanto, hace de la dualidad autóctono-salvaje el modo de deslegitimar dicha intervención y las consecuencias que acarrea. La representación de lo autóctono no aparece, entonces, como contrapuesta al discurso oligárquico liberal basado en la idea de "indio salvaje" predominante en el Estado de comienzos del siglo XX, sino que ambas funcionan como dos caras de la folklorización. Por otra parte, la pretensión de la elite paceña, recientemente encumbrada en el poder, de proyectar a La Paz a la vez como depositaria del autoctonismo y como centro modernizador contribuye a profundizar la ambivalencia contenida al interior de la visión folklorizada del indio. En este sentido, más que hablar de una indeterminación (Irurozqui, 2000; Sanjinés, 2005) o una identidad nacional no consumada (Qayum, 2002), es posible pensar en una identidad nacional que hace de la ambivalencia su efectividad y que aun cuando es tensionada desde dentro y desde el exterior se impone como hegemónica a través de distintas prácticas representacionales que cristalizan en los albores de la Guerra del Chaco.

La Guerra del Chaco traería aparejados profundos cambios sociales y políticos. La experiencia de la guerra, con su efecto desarticulador de las jerarquías sociales en las trincheras, la agudización de las tensiones en el campo y el recambio de la elite política dieron lugar a nuevas configuraciones identitarias dentro de las cuales el nacionalismo indigenista cobraría una fuerza inédita. Sus antecedentes, de todos modos, pueden hallarse en el período que se extiende durante las tres primeras décadas del siglo XX y aquella sería la primera de las muchas reconfiguraciones que la representación folklorizada del indio experimentaría.

Fuentes

Archivos consultados

Archivo de La Paz (ALP-La Paz).
Biblioteca y Archivo Histórico de la Asamblea Legislativa Plurinacional (BAH ALP-La Paz).
Archivo Amigos de la Ciudad de La Paz (AACLP-La Paz).
Archivo y Biblioteca Nacionales de Bolivia (ABNB-Sucre).
Centro de Documentación en Artes y Literaturas Latinoamericanas (CEDOAL-La Paz).
Casa de la Libertad (Sucre).
Casa de la Cultura (La Paz).
Archivo del Museo Nacional de Etnografía y Folklore (La Paz).
Biblioteca del Conservatorio Plurinacional de Música (La Paz).

Fondos documentales

Archivo de La Paz, Fondo Alberto de Villegas (ALP/AdeV).
Archivo de La Paz, Expedientes de la Prefectura (ALP/EP).
Archivo de La Paz, Fondo Administración de las Provincias de Ingavi, Pacajes y Omasuyus (ALP/P-TD).
Archivo Amigos de La Ciudad La Paz, Correspondencia (AACLP/Correspondencia).
Biblioteca y Archivo Histórico de la Asamblea Legislativa Plurinacional (BAH ALP).

Publicaciones periódicas

El Comercio de Bolivia.
El Diario.
El Norte.
La Razón.
Última Hora.

Fuentes éditas

Caba, E. (1946), *Aires indios (1, 2 y 3)*, Buenos Aires, Casa Lotternoser.
González Bravo, A. (1925), "Acerca del modo pentatónico en la música nacional", en *Revista Inti*, 2.
_____ (1928), "Caracteres de la música indígena", en *La Razón* (15-7-1928).
_____ (1930), "Folklore musical", en *El Diario* (6-7-1930).
_____ (1961), "Medio siglo de vida musical boliviana 1900-1957", en *Khana*, 35, pp. 92-105.
Monje Ortiz, Z. (1928), *Supay Marca*, La Paz.
Posnansky, A. (1912), *Guía General Ilustrada para la investigación de los Monumentos prehistóricos de Tihuanacu e Islas del Sol y La Luna*, La Paz, Imprenta y Litografía Boliviana-Hugo Heitmann.
_____ (1945), *Tihuanacu. La cuna del hombre americano*, Nueva York, Ed. J.J. Augustin.
Salmón, J. (1931), *El indio escribirá mañana la historia de Bolivia*, La Paz, Atenea.
Vargas, T. (1928), *Aires nacionales de Bolivia*, Cochabamba, Casa Amarilla.
Viscarra Monje, H. (1954), "La música autóctona en el desarrollo de la cultura musical boliviana", en *III Congreso Indigenista Interamericano*, La Paz.

Bibliografía

Albó, X. y Barrios, R. (coords.) (1993), *Violencias encubiertas en Bolivia*, La Paz, CIPCA.

Albro, R. (1998), "Neoliberal Ritualists of Urkupiña: Bedeviling Patrimonial Identity in a Bolivian Fiesta", en *Ethnology*, 37/2, pp. 133-164.

Alandia Navajas, M. y Parrado, J. (2003), *A la vera del piano...*, Monografía de la investigación apoyada por el Conservatorio Nacional de Música, La Paz.

Alonso, A. M. (1994), "The Politics of Space, Time and Substance: State Formation, Nationalism, and Ethnicity", *Annual Review of Antropology*, 23, pp. 379-405.

_____ (2008), "El 'mestizaje' en el espacio público: estatismo estético en el México Posrevolucionario", en De la Cadena, M. (comp.), *Formaciones de indianidad. Articulaciones raciales, mestizaje y nación en América Latina*, Popayán, Envión Editores, pp. 173-196.

Anderson, B. (1993), *Comunidades imaginadas. Reflexiones sobre el origen y la difusión del nacionalismo*, México, FCE.

Appelbaum, N. P., Macpherson, A. S. y Rosemblatt, K. A. (eds.) (2003), *Race and Nation in Modern Latin America*, Chapel Hill, The University of North Carolina Press.

Auza León, A. (1985), *Historia de la música boliviana*, Cochabamba, Amigos del Libro.

_____ (1989), *Simbiosis cultural de la música boliviana*, La Paz, CIMA.

Bajtin, M. (2003), *La cultura popular en la Edad Media y el Renacimiento. El contexto de Françoise Rabelais*, Madrid, Alianza.

Barragán R. y Roca, J. L. (2005), *Regiones y poder constituyente en Bolivia. Una historia de pactos y disputas*, La Paz, PNUD-IDH.

Barragán, R. (2006), "Las fronteras del dominio estatal: desigualdad, fragilidad de los pactos y límites de su legalidad y legitimidad", en Aljovín de Losada, C. y Jacobsen, N. (eds.), *Cultura política en los Andes (1750-1950)*, Lima, UNMSM-IFEA-Cooperación Regional Francesa para los países andinos.

Barthes, R. (2009), *Lo obvio y lo obtuso. Imágenes, gestos y voces*, Barcelona, Paidós.

Bialogorski, M y Fischman, F. (2001), "Patrimonio intangible y folclore: viejas y nuevas conceptualizaciones", en *R.I.F*, 16, pp. 99-102.

Bigenho, M. (2002), *Sounding Indigenous. Authenticity in Bolivian Music Performance*, Nueva York, Palgrave.

Blache, M (1992), "Folklore y nacionalismo en la Argentina: su vinculación de origen y desvinculación actual", en *Runa*, XX, pp. 69-89.

Bonfil Batalla, G. (1993), "Nuestro patrimonio cultural. Un laberinto de significados", en Florescano, E. (ed.), *El patrimonio cultural de México*, México, FCE, pp. 19-40.

Bridikhina, E. (2009), *Fiesta cívica. Construcción de lo cívico y políticas festivas*, La Paz, IEB.

Briones, C. (1998), *La Alteridad del cuarto mundo. Una deconstrucción antropológica de la diferencia*, Buenos Aires, Ediciones del Sol.

Browman, D. (2007), "La Sociedad Arqueológica de Bolivia y su influencia en el desarrollo de la práctica arqueológica en Bolivia", en *Nuevos Aportes*, 4, pp. 29-54.

Bueno, C. (2010), "Forjando Patrimonio: The Making of Arqueological Patrimony in Porfiriato Mexico", en *Hispanic American Historical Review*, 90/2, pp. 215-45.

Burke, P. (1992), "Learned culture and popular culture in renaissance Italy", en *Revista História*, 125-126, pp. 53-63.

_____ (2008), "Algunas reflexiones sobre la circularidad cultural", en *Historia Social*, 60, pp. 139-144.

Cajías de la Vega, F. (2007), "Las fiestas patronales", en *Visiones de fin de siglo. Bolivia y América Latina en el siglo XX*, La Paz, IFEA, pp. 707-719.

Candau, J. (2001), *Memoria e identidad*, Buenos Aires, Ediciones del Sol.

Canessa, A. (2012), "Gender, Indigeneity, and the Performance of Authenticity in Latin American Tourism", en *Latin American Perspectives*, 39/6, pp. 109-115.

Castillo Zapata, R. (2000), "Las disciplinas de la pose. Construcción fotográfica del indígena en Venezuela. Un ejemplo", en *Revista de crítica literaria latinoamericana*, 52, pp. 153-172.

Chatterjee, P. (2008), *La nación en tiempo heterogéneo y otros estudios subalternos*, Buenos Aires, CLACSO-Siglo XXI.

Choque Canqui, R. (2007), "Nacionalismo boliviano", en *Visiones de fin de siglo. Bolivia y América Latina en el siglo XX*, La Paz, IFEA, pp. 95-116.

_____ (2012), *Historia de una lucha desigual*, La Paz, UNIH-PAKAXA.

Choque Canqui, R. y Quisbert, C. (2006), *Educación indigenal en Bolivia*, La Paz, UNIH-PAKAXA.

_____ (2010), *Líderes indígenas aymaras*, La Paz, UNIH-PAKAXA.

Cohen, E. (1984), "The Sociology of Tourism: Approaches, issues, and findings", en *Annual Review of Sociology*, 10, pp. 373-392.

Collins, J. F. (2009), "Historical and cultural patrimony in Brasil: Recent Work in Portuguese", en *Latin American Research Review*, 44/1, pp. 291-301.

Comaroff, J. L. y Comaroff, J. (2009), *Ethnicity. Inc*, Chicago, The University of Chicago Press.

Condarco Morales, R. (1983), *Zárate. El "Temible" Willka*, La Paz, Renovación.

Corrigan P. y Sayer, D. (1985), *The Great Arch. English State Formation as Cultural Revolution*, Oxford, Basil Blackwell.

De Certeau, M. (2009), "La belleza del muerto", en *La cultura en plural*, Buenos Aires, Nueva Visión.
De la Cadena, M. (2004), *Indígenas mestizos: raza y cultura en el Cusco*, Lima, IEP.
_____ (comp.) (2008), *Formaciones de Indianidad. Articulaciones Raciales, Mestizaje y Nación en América Latina*, Popayán, Envión Editores.
Demélas, M. D. (1981), "Darwinismo social a la criolla", en *Historia Boliviana*, Cochabamba, I/I, pp. 55-82.
_____ (2003), *La invención política: Bolivia, Ecuador, Perú en el siglo XIX*, Lima, IEP.
Diez de Medina, F. (1966), *Tiwanaku: capital del misterio*, La Paz, Juventud.
D'Harcourt, R. y D'Harcourt, M. (1990), *La Música de los Incas y sus supervivencias*, Lima, Occidental Petroleum Corporation of Perú.
Dussel, E. (2000), "Europa, modernidad y eurocentrismo", en Lander, E. (comp.), *La colonialidad del saber: eurocentrismo y ciencias sociales. Perspectivas latinoamericanas*, Buenos Aires, CLACSO, pp. 24-33.
Fabian, J. (1983), *Time and Other. How Anthropology Makes Its Object*, New York, Columbia University Press.
Favre H. (1994), "Raza y nación en México. De la Independencia a la Revolución", en *Cuadernos Americanos Nueva Época*, 45, pp. 32-72.
Francovich, G. (1941), *La filosofía en Bolivia*, Buenos Aires, Losada.
Freire Gomes, P. (1992), "Notas sobre a mediação entre o erudito e o popular", en *Revista História*, 125-126, pp. 65-80.
Funes, P. (2006), *Salvar la nación: intelectuales, cultura y política en los años veinte latinoamericanos*, Buenos Aires, Prometeo.
Garramuño, F. (2007), *Modernidades primitivas. Tango, Samba y Nación*, Buenos Aires, FCE.
Gellner, E. (1991), *Naciones y nacionalismo*, Madrid-Buenos Aires, Alianza.

Ginzburg, C. (2001), *El queso y los gusanos. El cosmos según un molinero del siglo XVI*, Barcelona, Península.
Giordano, M. (2004), "Itinerario de imágenes del indígena chaqueño. Del 'Territorio Indio del Norte' al Territorio Nacional y Provincia del Chaco", en *Anuario de Estudios Americanos*, LXI, pp. 517-550.
González Casanova, P. (1963), "Sociedad Plural, Colonialismo Interno y Desarrollo", en *América Latina. Revista del Centro Latinoamericano de Ciencias Sociales*, 3, pp. 15-31.
Gotkowitz, L. (2000), "Commemorating the Heroínas. Gender and Civic Ritual in Early-Twentieth-Century Bolivia", en Dore, E. y Molyneux, M. (eds.), *Hidden Histories of Gender and the State in Latin America*, Londres, Duke University Press, pp. 215-237.
_____ (2011), *La revolución antes de la Revolución*, La Paz, PIEB-Plural.
Guzmán, A. (1955), *La novela en Bolivia*, La Paz, Juventud.
Habib, A. (2006), "Ruin, Archive and the Time of Cinema: Peter Delpeut's Lirical Nitrate", en *SubStance*, 35/2, pp. 120-139.
Hewison, R. (1987), *The Heritage Industry: Britain in a Climate of Decline*, Londres, Methuen.
Hobsbawm, E. (2004), *Naciones y nacionalismos desde 1780*, Barcelona, Crítica.
Hobsbawm, E. y Ranger, T. (eds.) (2002), *La invención de la tradición*, Barcelona, Crítica.
Hylton, F. (2011), "Tierra común: Caciques, artesanos e intelectuales radicales y la rebelión de Chayanta", en Hylton F., Patzi, F., Serulnikov, S., Thomson, S., *Ya es otro tiempo el presente. Cuatro momentos de insurgencia andina*, La Paz, Muela del Diablo editores, 134-198.
Irurozqui, M. (1992), "¿Qué hacer con el indio? Un análisis de las obras de Franz Tamayo y Alcides Arguedas", en *Revista de Indias*, 195/196, Madrid, pp. 559-587.
_____ (1994), *La armonía de las desigualdades. Elites y conflictos de poder en Bolivia 1880-1920*, Cusco, Centro Bartolomé de las Casas.

_____ (2000), *A bala, piedra y palo. La construcción de la ciudadanía política en Bolivia, 1826-1952*, Sevilla, Diputación de Sevilla.
Itier, C. (1995), *El Teatro Quechua en el Cuzco*, Lima-Cusco, IFEA-CBC.
Klein, H. (1987), *Historia General de Bolivia*, La Paz, Juventud.
Kuenzli, G. (2013), *Acting Inca. National belonging in early twentieth-century Bolivia*, Pittsburgh, University of Pittsburgh Press.
Larson, B. (2002), *Indígenas, élites y estado en la formación de las repúblicas andinas*, Lima, Instituto de Estudios Andinos/Universidad Católica del Perú.
_____ (2007), "Indios redimidos, cholos barbarizados: Imaginando la modernidad", en *Visiones de fin de siglo. Bolivia y América Latina en el siglo XX*, La Paz, IFEA, pp. 27-48.
_____ (2008), "La invención del indio iletrado: la pedagogía de la raza en los Andes bolivianos", en De la Cadena, M. (comp.), *Formaciones de indianidad. Articulaciones raciales, mestizaje y nación en América Latina*, Popayán, Envión Editores, pp. 117-147.
Lema Garret, A. M. (2009), *El sentido del silencio. Mano de obra chiquitana en el Oriente boliviano a principios del siglo XX*, Santa Cruz de la Sierra, El País-UPIEB.
López Lenci, Y. (2004), *El Cusco, paqarina moderna. Cartografía de una modernidad e identidades en los Andes peruanos (1900-1935)*, Lima, Fondo Editorial UNMSM/CONCYTEC.
López, I. (2009), "Musicología latinoamericana: una genealogía alternativa", en Palermo Z. (comp.), *Arte y estética en la encrucijada descolonial*, Buenos Aires, Ediciones del signo.
Lowenthal, D. (1994), "Identity, Heritage, and History", en Gilles, J. (ed.), *Commemorations. The politics of national identity*, Princeton, Princeton University Press, pp. 41-57.

Loza, C. (2008), "Una 'Fiera de Piedra'. Tiwanaku, fallido símbolo de la nación boliviana", en *Estudios Atacameños*, 36, pp. 93-115.
MacCannell, D. (2003), *El turista: una nueva teoría de la clase ociosa*, Barcelona, Melusina.
Mallon, F. (2003), *Campesino y Nación. La construcción de México y Perú poscoloniales*, México, CIESAS.
Mamani Condori, C. B. (1991), *Taraqu. 1866-1935: Masacre, guerra y "Renovación" en la biografía de Eduardo L. Nina Quispe*, La Paz, Ediciones Aruwiyiri.
Martínez, F. (1999), "¡Que nuestros niños se conviertan en pequeños suecos! La introducción de la gimnasia en las escuelas bolivianas", en *Bulletin de l'Institut Français d'Etudes Andines*, 28/3, Lima, pp. 361-386.
Mendieta, P. (2010), *Entre la alianza y la confrontación. Pablo Zárate Willka y la rebelión indígena de 1899 en Bolivia*, La Paz, AASDI / IFEA / PLURAL / IEB.
Mendoza, Z. (1998), "Defining Folklore: Mestizo and Indigenous Identities on the Move", en *Bulletin of Latin American Research*, 17/2, pp. 165-183.
_____ (2004), "La Misión Peruana de Arte Incaico y el impulso de la producción artístico-folklórica en Cusco", en *Latin American Music Review*, 25/1, pp. 57-77.
Miranda, R. (2006), "Contenido y semblanza de Amigos de la Ciudad", en *Revista de la Asociación Amigos de la Ciudad*, La Paz.
Mora, G. (2009), *Eric Boman. Aislamiento, etnografía y fotografía en la antropología del norte grande de Chile*, Memoria para optar al título profesional de Antropología Social, Universidad de Chile, Santiago de Chile.
Mould de Pease, M. (2003), *Machu Picchu y el código de ética de la Sociedad de Arqueología Americana. Una invitación al diálogo intercultural*, Lima, PUCP.
Ortiz García, C. (1994), "Antropología y Folklore", en *Revista de dialectología y tradiciones populares*, 49/2, pp. 49-68.

Paredes Candia, A. (1967), *La vida ejemplar de Antonio González Bravo*, La Paz, Ediciones ISLA.
Platt, T. (1982), *Estado boliviano y ayllu andino: tierra y tributo en el norte de Potosí*, Lima, IEP.
_____ (1991), "Liberalismo y etnocidio en los Andes del Sur", en *Autodeterminación*, 9, pp. 7-29.
Poirrier, P. (ed.) (2012), *La Historia cultural. ¿Un giro historiográfico mundial?*, Valencia, PUV.
Ponce Sanginés, C. (1976), *Tiwanaku. Espacio, Tiempo y cultura*, La Paz, Pumapunku.
_____ (1994), *Tiwanaku: 200 años de investigaciones arqueológicas*, La Paz, CIMA.
_____ (1999), *Arthur Posnansky. Biografía intelectual de un pionero*, La Paz, CIMA.
Poole, D. (1998), "Landscape and the Imperial Subject: U.S. Images of the Andes, 1859-1930", en Joseph, G. M., LeGrand C. C. y Salvatore R. D. (eds.), *Close Encounters of Empire. Writing the Cultural History of U.S.–Latin American Relations*, Durham y Londres, Duke University Press, pp. 107-138.
_____ (2000), *Visión, raza y modernidad. Una economía visual del mundo andino de imágenes*, Lima, Sur Casa de Estudios del Socialismo-Consejería en Proyectos.
Prats, L. (2004), *Antropología y patrimonio*, Barcelona, Ariel.
Qayum, S. (2002), *Creole Imaginings: Race, Space, and Gender in the making of Republican Bolivia*, Tesis doctoral, Londres, Goldsmiths College, University of London.
_____ (2011), "Indian Ruins, National Origins: Tiwanaku and Indigenismo in La Paz, 1897-1933", en Gotkowitz, L. (ed.) *Histories of Race and Racism*, Durham y Londres, Duke University Press, pp. 159-178.
Quijano, A. (1993), "Raza, Etnia y Nación en Mariátegui: Cuestiones abiertas", en Forgues, R. (ed.), *José Carlos Mariátegui y Europa. El otro aspecto del descubrimiento*, Lima, Amauta.

_____ (2005), "El movimiento indígena y las cuestiones pendientes en América Latina", en *Revista Tareas*, 119, Panamá, pp. 31-62.

_____ (2007), "Colonialidad del poder y clasificación social", en Castro Gómez, S. y Grosfoguel, R. (comps.), *El giro decolonial. Reflexiones para una diversidad epistémica más allá del capitalismo global*, Bogotá, Siglo del Hombre Editores, pp. 93-126.

_____ (2011), "Colonialidad del poder, eurocentrismo y América Latina", en Lander, E. (comp.), *La colonialidad del saber, eurocentrismo y ciencias sociales. Perspectivas Latinoamericanas*, Buenos Aires, CLACSO, pp. 219-264.

Quisbert, P. (2004), "La gloria de la raza: historia prehispánica, imaginarios e identidades entre 1930 y 1950", en *Estudios Bolivianos 12. La cultura pre-52*, La Paz, IEB-CIMA pp. 117-112

Rivera Cusicanqui, R. (1993), "La raíz: colonizadores y colonizados", en Albó, X., Barrios, R. (coords.), *Violencias encubiertas en Bolivia*, La Paz, CIPCA, pp. 27-54.

_____ (2003), *Oprimidos pero no vencidos. Luchas del campesinado aymara y quechwa 1900-1980*, La Paz, Ediciones Yachaywasi.

Rocha, O. (2002), "Las dolencias de Alcides Arguedas", en Soldán, P. y Wiethüchter, B. (comps.), *Hacia una historia crítica de la literatura en Bolivia*, La Paz, PIEB, pp. 103-106.

Rodríguez, R., y Monasterios, M. (2002), "Indiscreciones de un narrador: Raza de Bronce", en Soldán, P. y Wiethüchter, B. (comps.), *Hacia una historia crítica de la literatura en Bolivia*, La Paz, PIEB, pp. 106-118.

Romero, J. (2004), "El Carnaval de Oruro. Nación y conflicto en Bolivia", en *XVII Reunión Anual de Etnología*, La Paz, MUSEF.

Rossells, B. (1996), *Caymari Vida: la emergencia de la música popular en Charcas*, Sucre, Judicial.

_____ (2004), "Espejos y máscaras de la identidad. El discurso indigenista en las artes plásticas (1900-1950)", en *Estudios Bolivianos 12. La cultura del pre-52*, La Paz, IEB-CIMA, pp. 297-368.

Rojek, C. (1993), *Ways of Escape: Modern Transformations in Leisure and Travel*, Londres, Macmillan.

Rufer, M. (2010), "La temporalidad como política: nación, formas del pasado y perspectivas poscoloniales", en *Memoria y sociedad*, 14, pp. 11-31.

Said, E. (1990), *Orientalismo*, Madrid, Libertarias-Prodhufi.

Salmón, J. (1997), *El espejo indígena. El discurso indigenista en Bolivia 1900-1950*, La Paz, Plural editores.

Salvatore, R. (1998), "The Enterprise of Knowledge: Representational Machines of Informal Empire", en Joseph, G. M., LeGrand C. C. y Salvatore R. D. (eds.), *Close Encounters of Empire. Writing the Cultural History of U.S.–Latin American Relations*, Durham y Londres, Duke University Press, pp. 69-104.

_____ (2003), "Local versus Imperial Knowledge. Reflections on Hiram Bingham and the Yale Peruvian Expedition", en *Neplanta: Views from the South*, 4/1, pp. 67-80.

Sanjinés, J. (2005), *El espejismo del mestizaje*, La Paz, IFEA.

Savova, N. (2009), "Heritage Kinaesthetics: Local Constructivism and UNESCO's Intangible-Tangible Politics at a 'Favela' Museum", en *Anthtopological Quaterly*, 82/2, pp. 547-585.

Segato, R. (2007), *La nación y sus otros. Raza, etnicidad y diversidad religiosa en tiempos de política de la identidad*, Buenos Aires, Prometeo.

_____ (2010), "Los cauces profundos de la raza latinoamericana: una relectura del mestizaje", en *Crítica y Emancipación*, 3, pp. 11-44.

Sontag, S. (1981), *Sobre la fotografía*, Barcelona, Edhasa.

Soruco Sologuren, X. (2011), *La ciudad de los cholos: mestizaje y colonialidad en Bolivia, siglos XIX y XX*, La Paz, PIEB-IFEA.

Soux, M. E. (1997), "Música de tradición oral en La Paz: 1845-1885", en *Data. Revista del Instituto de Estudios Andinos y Amazónicos*, 7, pp. 219-247.

Stronza, A. (2001), "Antropology of Tourism: Forging New Ground for Ecotourism and Other Alternatives", en *Annual Review of Antropology*, 30/26, pp. 1-83.

Tello, A. (2004), "Aires nacionales en la música de América Latina como respuesta a la búsqueda de identidad", en *Hueso Húmero*, 44, pp. 212-239.

Theodossopoulos, D. (2013), "Emberá Indigenous Tourism and the Trap of Authenticity: Beyond inauthenticity and invention", en *Anthropological Quarterly*, 86/2, pp. 397-425.

Van den Berghe, P. L. (1994), *The Quest for the other: ethnic tourism in San Cristobal de Las Casas*, Seattle y Londres, University of Washington Press.

Vandegrift, D. (2008), "'This isn't paradise – I work here': Global Restructuring, the Tourism Industry, and Women Workers in Caribbean Costa Rica", en *Gender and Society*, 22, pp. 778-798.

Villanueva, J. (1997), "La música criollo-mestiza de Bolivia", en *Data. Revista del Instituto de Estudios Andinos y Amazónicos*, 7, pp. 251-278.

Wade, P. (2000), *Raza y Etnicidad en Latinoamérica*, Quito, Abya-Yala.

_____ (2002), *Música, raza y nación. Música tropical en Colombia*, Bogotá, Vicepresidencia de la República de Colombia.

Wilson, T. D. e Ypeij, A. (2012), "Introduction. Tourism, Gender, and Ethnicity", en *Latin American Perspectives*, 39/6, pp. 5-16.

Ypeij, A. (2012), "The intersection of gender and ethnic identities in the Cuzco-Machu Picchu Tourism Industry. Sácamefotos, Tour guides, and women weavers", en *Latin American Perspectives*, 39/6, pp. 17-35.

Zayas, P. (1985), *La novela indigenista boliviana, 1910-1960*, Buenos Aires, Carra.

Este libro se terminó de imprimir en diciembre de 2016 en Imprenta Dorrego (Dorrego 1102, CABA).